Warren W. Wiersbe

Sei zufrieden

Die Antwort nach dem
Sinn des Lebens suchen

Ich bete darum, dass sie
in den Tagen ihrer Jugendzeit an ihren Schöpfer denken

Dieses Buch ist unseren Enkeln
Jonathan
Becky, Bethany und Daniel
Christopher und Kyle
und
Stephen

gewidmet

(und anderen, die noch folgen mögen)

WARREN W. WIERSBE

Sei zufrieden

Die Antwort
nach dem Sinn des Lebens suchen

Studien des Alten Testaments:
Prediger

Über den Autor:
Dr. Warren W. Wiersbe ist Autor zahlreicher Bücher und Kommentare, zeitweilig am Cornerstone College in Grand Rapids, Michigan, tätig und Professor für Homiletik am Grand Rapids Baptist Seminary. Er ist Pastor dreier Gemeinden (einschließlich der Moody Church in Chicago) gewesen und war als Generaldirektor sowie Bibelausleger für Radiosendungen im Rahmen des Programms »Back to the Bible« verantwortlich.

Bibelzitate nach der Revidierten Elberfelder Übersetzung,
R. Brockhaus Verlag, Wuppertal und Zürich

Wiersbe, Warren W.
Sei zufrieden
Die Antwort nach dem
Sinn des Lebens Suchen

ISBN 978-3-89436-606-3

Titel des amerikanischen Originals:
Be Satisfied
Looking for the Answer of the Meaning of Life
An Old Testament Study – Ecclesiastes

www.cv-dillenburg.de
Übersetzung: Ute Tiede, Schöneck
Satz: Enns Schrift & Bild, Bielefeld
Umschlaggestaltung: KerkmannDesignBüro, Wuppertal
Druck: CPI Moravia Books, Pohorelice

Printed in Czech Republic

Inhalt

Vorwort

Als man mich um eine Serie von »Sei«-Büchern zum Alten Testament bat, konnte ich mir als Einstieg kein besseres Buch als den Prediger vorstellen. Und ich konnte mir keinen besseren Titel als *Sei zufrieden* vorstellen, denn darum geht es im Prediger.

»Das Leben ist voller Probleme und Schwierigkeiten«, schloss König Salomo, »und vieles ist nicht nachvollziehbar, geschweige denn kontrollierbar. Aus menschlicher Sicht ist alles Nichtigkeit und Torheit. Aber das Leben ist Gottes Geschenk an uns, und er möchte, dass wir es genießen und zu seiner Ehre nutzen. Statt dich darüber zu beschweren, was du nicht hast, beginne lieber, für das zu danken, was du hast – und sei zufrieden!«

Unsere jüdischen Freunde lesen das Buch Prediger am jährlichen Laubhüttenfest, einem fröhlichen Erntefest im Herbst. Und es passt dazu! Wie Salomo schrieb: *»Es gibt nichts Besseres für den Menschen, als dass er isst und trinkt und seine Seele Gutes sehen lässt bei seinem Mühen. Auch das sah ich, dass dies alles aus der Hand Gottes kommt«* (Pred 2,24). Sogar der Apostel Paulus (den man wohl kaum als Hedonisten bezeichnen kann) schrieb, dass Gott *»uns alles reichlich darreicht zum Genuss«* (1Tim 6,17).

Ein Leben ohne Jesus Christus ist tatsächlich *»Nichtigkeit und ein Haschen nach Wind«* (Pred 1,14). Doch wenn man ihn persönlich kennt und treu für ihn lebt, erfährt man *»Fülle von Freuden ...* [und] *... Lieblichkeiten ... immerdar«* (Ps 16,11).

Warren W. Wiersbe

Eins

Prediger 1,1-3

Ist das Leben lebenswert?

»Nichtigkeit der Nichtigkeiten«, klagte Salomo, *»alles ist Nichtigkeit!«* Salomo gefiel dieses Wort »Nichtigkeit«; er benutzte es im Prediger etwa 37 Mal, während er über das Leben *»unter der Sonne«* schrieb. Das Wort bedeutet »Leere, Sinnlosigkeit, ein Hauch, der schnell vergeht und nichts hinterlässt.«

Aus menschlicher Sicht (*»unter der Sonne«*) erscheint das Leben sinnlos, und man kann leicht pessimistisch werden. Der jüdische Schriftsteller Sholom Aleichem beschrieb das Leben einst als »ein Furunkel auf einer Blase auf einem Krebsgeschwür«. Diese Definition kann man fast *körperlich spüren*!

Der amerikanische Dichter Carl Sandburg verglich das Leben mit »einer Zwiebel – man schält die Lagen nach und nach ab, und manchmal weint man dabei.« Und der britische Dramatiker George Bernard Shaw bezeichnete das Leben als »eine Serie inspirierter Torheiten«.

Falls Sie sich in Ihrer Schulzeit mit englischer Literatur beschäftigt haben, haben Sie vielleicht auch Matthew Arnolds Gedicht *Rugby Chapel* gelesen, das diese dunkle Beschreibung des Lebens enthält:

Die meisten Menschen wirbeln herum
hierhin und dorthin – essen und trinken,
plappern und lieben und hassen,
sammeln und zerstreuen sich, werden emporgehoben,
werden in den Staub gestoßen,
blind strebend, nichts erreichend;
und dann sterben sie –

Wie erleichternd, sich von diesen pessimistischen Sichtweisen abzuwenden und Jesus Christus sagen zu hören: »*Ich bin gekommen, damit sie Leben haben und es in Überfluss haben*« (Joh 10,10). Oder die majestätische Erklärung von Paulus zu lesen: »*Daher, meine geliebten Brüder, seid fest, unerschütterlich, allezeit überreich in dem Werk des Herrn, da ihr wisst, dass eure Mühe im Herrn nicht vergeblich ist*« (1Kor 15,58).

Das Leben ist »*nicht vergeblich*«, wenn es gemäß dem Willen Gottes geführt wird, und das ist es, was Salomo in diesem vernachlässigten und häufig missverstandenen Buch lehrt.

Bevor wir uns in das Studium des Buches Prediger vertiefen, wollen wir den Autor und das Ziel, das er mit dem Verfassen dieses Buches verfolgte, näher kennenlernen. Außerdem wollen wir uns einen Überblick über das Buch verschaffen, damit wir seinen Ansatz zur Beantwortung der Frage: »Ist das Leben wirklich lebenswert?« besser verstehen können.

1. Der Verfasser

An keiner Stelle dieses Buches nannte der Verfasser seinen Namen, aber seine Selbstbeschreibungen und seine Erfahrungen lassen darauf schließen, dass es sich dabei um König Salomo handelt. Er bezeichnete sich selbst als »*Sohn Davids*« und als »*König über Israel in Jerusalem*« (Pred 1,1.12) und behauptete, großen Reichtum und große Weisheit zu besitzen (2,1-11 und 1,13; siehe 1Kö 4,20-34 und 10,1ff.). Als Antwort auf Salomos demütiges Gebet hatte Gott ihm sowohl Weisheit als auch Reichtum versprochen, und er hielt sein Versprechen.

Der Autor erwähnte im Buch Prediger zwölf Mal den »*König*«, und er bezog sich häufig auf die Probleme staatlicher Bürokratie (4,1-3; 5,8; 8,11; 10,6-7). Bedenken Sie, dass Salomo über eine große Nation herrschte, was ein großes stehendes Heer und einen umfangreichen Regierungsapparat erforderte. Er führte zahlreiche teure Bauprojekte durch und lebte am Hof in Luxus (1Kö 9,10-28 und 10,1ff.; 2Chr 1,13-17). Jemand musste diesen ganzen nationalen Prunk verwalten, und jemand musste ihn auch bezahlen!

Salomo löste das Problem, indem er die ursprünglichen Grenzen der zwölf Stämme Israels ignorierte und die Nation in zwölf »Steuerbezirke« aufteilte, von denen jeder von einem Vogt verwaltet wurde (1Kö 4,7-19). Mit der Zeit wurde das gesamte System tyrannisch und korrupt, und nach Salomos Tod bat das Volk um Erleichterung (2Chr 10). Diese Stimmung von Ausbeutung und Unterdrückung wird Ihnen während des Studiums des Buches Prediger noch auffallen.

König Salomo begann seine Herrschaft als ein demütiger Diener des Herrn, der nach Gottes Weisheit und Hilfe trachtete (1Kö 3,5-15). Als er älter wurde, wandte sich sein Herz von Jahwe ab und hin zu den falschen Göttern seiner vielen ausländischen Ehefrauen (1Kö 1,11ff.). Diese Ehen waren keine Liebesheiraten, sondern in erster Linie politisch motiviert, denn Salomo schloss dadurch Bündnisse mit den Nationen, die Israel umgaben. Tatsächlich standen viele der Dinge, die Salomo scheinbar zur Ehre Israels tat, im Gegensatz zu dem Wort Gottes (5Mo 17,14-20).

Kein Geld und keine Macht konnten dem stillen aber sicheren Reifen hin zum göttlichen Gericht Einhalt gebieten. Der berühmte schottische Prediger Alexander Whyte hat gesagt, dass »der geheime Wurm ... die ganze Zeit in dem Königsstab nagte, auf den sich Salomo stützte.« Die letzten Jahre des Königs waren elend, weil Gott seine segnende Hand von ihm genommen hatte (1Kö 11) und Salomos Thron nur wegen des Versprechens, das er David gegeben hatte, erhielt. Nach Salomos Tod spaltete sich die Nation, und dem Haus Davids blieben nur zwei Stämme, Juda und Benjamin.

Der Prediger scheint die Art Buch zu sein, die man am Ende des Lebens schreibt, wenn man über seine Lebenserfahrungen und das daraus Erlernte nachdenkt. Salomo verfasste die Sprüche (Spr 1,1; 1Kö 5,12) und das Hohelied (1,1) während der Jahre, in denen er treu mit Gott wandelte; den Prediger schrieb er, als das Ende seines Lebens nahte. Es gibt keinen Bericht darüber, dass König Salomo Buße tat und sich zum Herrn hinwendete, seine Botschaft im Buch Prediger lässt jedoch den Schluss zu, dass er es doch tat.

Er schrieb die Sprüche vom Gesichtspunkt eines weisen Lehrers (1,1-6) und das Hohelied aus dem Blickwinkel eines königlichen

Liebhabers (3,7-11); als er jedoch das Buch Prediger schrieb, nannte er sich selbst *»der Prediger«* (1,1.2.12; 7,27; 12,8-10). Das hebräische Wort dafür ist *koheleth*; das ist auch der Titel eines offiziellen Redners, der eine Versammlung einberuft (siehe 1Kö 8,1). Das griechische Wort für »Versammlung« lautet *ekklesia*, wovon sich der englische Titel des Buches, *Ecclesiastes*, ableitet.

Der Prediger tat jedoch noch mehr, als eine Versammlung einzuberufen und eine feierliche Rede zu halten. Das Wort *koheleth* trägt den Aspekt des *Debattierens* in sich, weniger mit den Zuhörern als mit sich selbst. Er stellte ein Thema vor, diskutierte es aus unterschiedlichen Sichtweisen und zog dann einen praktischen Schluss. Prediger mag wie eine zufällige Sammlung unterschiedlicher Gedanken über eine Auswahl von Themen wirken, aber Salomo versichert uns, dass das, was er schrieb, geordnet war (12,9).

Lassen Sie uns nun den Zweck und die Entwicklung des Buches bedenken.

2. Der Zweck

Salomo hat den Schlüssel zum Prediger direkt vor die Eingangstür gelegt: *»Nichtigkeit der Nichtigkeiten! – spricht der Prediger; Nichtigkeit der Nichtigkeiten, alles ist Nichtigkeit! Welchen Gewinn hat der Mensch von all seinem Mühen, mit dem er sich abmüht unter der Sonne?«* (1,2-3). Für den Fall, dass wir es nicht bemerkt haben, hat er den gleichen Schlüssel an der Hintertür hinterlegt (12,8). In diesen Versen stellt Salomo einige der Schlüsselworte und -formulierungen vor, die wiederholt im Prediger vorkommen; deshalb sollten wir uns mit ihnen vertraut machen.

Nichtigkeit der Nichtigkeiten. Wir haben bereits festgestellt, dass Salomo das Wort *»Nichtigkeit«* ca. achtunddreißig Mal in diesem Buch benutzt. Das hebräische Wort dafür ist *hevel*; es bedeutet »Leere, Sinnlosigkeit, ein Hauch«. Der Name *»Abel«* ist wahrscheinlich von diesem Wort abgeleitet (1Mo 4,2). Was schnell verschwindet, nichts zurücklässt und nicht befriedigt ist *hevel*, Nichtigkeit. Einer meiner Sprachprofessoren im Seminar definierte *hevel* als »das, was zurückbleibt, wenn man eine Seifenblase zum Platzen bringt.«

Ganz gleich, ob er über seinen Reichtum, seine Leistungen, seine Weisheit oder seine Welt nachdenkt, Salomo kommt stets zu dem gleichen traurigen Schluss: Alles ist *»Nichtigkeit und ein Haschen nach Wind«* (2,11). Dies ist jedoch nicht seine endgültige Erkenntnis, und es ist auch nicht die einzige Botschaft, die er für seine Leser hat. Wir werden später mehr dazu entdecken.

Unter der Sonne. Diese wichtige Formulierung kann man im Prediger neunundzwanzig Mal finden, und in Verbindung damit den Ausdruck *»unter dem Himmel«* (1,13; 2,3; 3,1). Er definiert die Sicht des Verfassers, der das Leben aus einer menschlichen Perspektive betrachtet und nicht unbedingt aus dem himmlischen Blickwinkel. Er wendet seine eigene Weisheit und Erfahrung an auf die komplexe menschliche Situation und versucht, im Leben einen Sinn zu erkennen. Salomo schrieb durch die Eingebung des Heiligen Geistes (12,10-11; 2Tim 3,16), also wollte Gott das von ihm Geschriebene seinen Menschen mitteilen. Während wir das Buch Prediger studieren, müssen wir uns jedoch stets Salomos Sichtweise bewusst machen: Er überdenkt das Leben *»unter der Sonne«*.

In seinem Buch *Unfolding Message of the Bible* fasst G. Campbell Morgan Salomos Sichtweise auf perfekte Weise zusammen: »Dieser Mann hatte all diese Erfahrungen unter der Sonne durchlebt und sich mit nichts über der Sonne befasst ... bis ein Augenblick kam, in dem er das Leben als Ganzes sah. Und es gab etwas über der Sonne. Nur wenn man das, was über der Sonne ist, ebenso in Betracht zieht wie das, was unter der Sonne ist, sieht man die Dinge unter der Sonne in ihrem wahren Licht« (Fleming H. Revell Company, 1961, Seite 229).

Gewinn. Das hebräische Wort *yitron*, das üblicherweise mit »Gewinn« übersetzt wird, wird im Prediger zehn Mal benutzt (1,3; 2,11.13 [Vorzug]; 3,9; 5,8.5.15; 7,12; 10,10.11 [Vorteil]). Es wird an keiner anderen Stelle im Alten Testament benutzt, und seine grundsätzliche Bedeutung ist »das Übriggebliebene«. Man kann es auch mit »Überschuss, Vorteil, Gewinn« übersetzen. Das Wort »Gewinn« ist genau das Gegenteil von »Nichtigkeit«. Salomo fragt: »Was ist der Vorteil des Lebens, angesichts aller seiner Rätsel und Probleme? Gibt es einen Gewinn?«

Mühe bzw. *Mühen*. Mindestens elf verschiedene hebräische Wörter werden in der *Authorized Version* mit »Mühe« bzw. »Mühen« übersetzt, und hier geht es um *amal*, das im Prediger 23 Mal benutzt wird. Es bedeutet »sich bis zur Erschöpfung quälen und dennoch wenig oder gar keine Erfüllung in der Arbeit finden.« Die Vorstellung von Gram, Elend, Frustration und Müdigkeit schwingen darin mit. Mose drückte die Bedeutung dieses Wortes in 5. Mose 26,7 aus, ebenso in Psalm 90,10. Wenn man es nur *»unter der Sonne«* betrachtet, mag das Tagwerk eines Menschen natürlich nichtig und beschwerlich scheinen, aber der gläubige Christ kann sich stets auf 1. Korinther 15,58 berufen und froh im Willen Gottes arbeiten, denn er weiß, *»dass eure Mühe im Herrn nicht vergeblich ist.«*

Mensch. Dies ist das bekannte hebräische Wort *adam* (1Mo 1,26; 2,7.19) und bezieht sich auf den Menschen, der aus Staub gemacht ist (auf hebräisch *adama*: 1Mo 2,7; 3,19). Natürlich ist der Mensch nach dem Bilde Gottes gemacht, aber er kam aus dem Staub des Erdbodens und kehrt nach seinem Tode zur Erde zurück. Salomo benutzte das Wort ca. vierzig Mal, während er »den Menschen unter der Sonne« betrachtete.

Dies sind die grundlegenden Wörter, die in den Anfangsversen des Predigers vorkommen, aber es gibt noch weitere Schlüsselwörter, die wir uns ansehen müssen.

Übel. Dieses Wort kommt ca. 31 Mal vor und wird in der *King James Bible* auch mit »übles Geschäft« (1,13; 4,8) »Unglück« (5,13; 7,14; 8,6.9), »böser Unsinn« (10,13), »zuwider« (2,17) und »Bosheit« (7,15) übersetzt. Es ist das Gegenteil von »gut« und deckt eine Menge Dinge ab: Schmerz, Leid, schwierige Umstände und Kummer. Es ist eines von König Salomos Lieblingswörtern, um das Leben *»unter der Sonne«* so zu beschreiben, wie er es sieht.

Freude. Trotz seiner schmerzlichen Erfahrungen mit der Welt und ihren Problemen empfiehlt Salomo weder Pessimismus noch Zynismus. Er ermahnt uns stattdessen, das Leben realistisch zu sehen, Gottes Gaben anzunehmen und sie zu genießen (2,24; 3,12-15.22; 5,18-19;

8,15; 9,7-10; 11,9-10). Immerhin schenkt Gott uns *»alles reichlich … zum Genuss«* (1Tim 6,17). Worte, die Freude ausdrücken (genießen, jubeln usw.), kommen in Prediger mindestens siebzehn Mal vor. Salomo sagt nicht: »Iss, trink und sei fröhlich, denn morgen wirst du sterben!« Stattdessen rät er uns, auf Gott zu vertrauen und zu genießen, was wir *tatsächlich* haben, statt uns darüber zu beschweren, was wir *nicht* haben. Das Leben ist kurz, und das Leben ist schwer; also mach das Beste daraus, solange du es kannst.

Weisheit. Da es eines der alttestamentlichen Weisheitsbücher ist, hat der Prediger sowohl über Weisheit als über Torheit einiges zu sagen. Es gibt darin ca. 30 Hinweise auf *»Toren«* und *»Torheit«* und ca. 54 auf *»Weisheit«*. König Salomo war der weiseste aller Menschen (1Kö 5, 11), und als er den Sinn des Lebens *»unter der Sonne«* zu verstehen suchte, wandte er diese Weisheit an. Der Prediger versuchte, ein Philosoph zu sein, aber am Ende kam er zu dem Schluss: *»Fürchte Gott und halte seine Gebote«* (12,13).

Gott. Salomo erwähnt Gott vierzig Mal und benutzt stets *Elohim* und niemals *Jahwe*. *Elohim* (in der dt. Bibel mit »Gott« übersetzt) ist der mächtige Gott, der herrliche Gott der Schöpfung, der souveräne Macht ausübt. *Jahwe* (in der dt. Bibel mit »Herr« übersetzt), ist der Gott des Bundes, der Gott der Offenbarung, der durch sich selbst in Ewigkeit besteht und sich dennoch gnädig dem sündigen Menschen zuwendet. Da Salomo sich ausschließlich mit dem beschäftigt, was er *»unter der Sonne«* sieht, benutzt er Elohim.

Bevor wir das Studium des Vokabulars des Predigers abschließen, sollten wir beachten, dass das Buch voll Personalpronomen ist. Da es sich dabei um eine Autobiographie handelt, überrascht dies nicht. Salomo war der ideale Verfasser dieses Buches, denn ihm standen der Reichtum, die Weisheit und die Möglichkeiten zur Verfügung, die notwendig waren, um die »Experimente« durchzuführen, deren es für diese Erforschung des Sinnes des Lebens bedurfte. Gott ließ König Salomo nicht ungehorsam werden, damit er dieses Buch schreiben konnte, aber er benutzte Salomos Erfahrungen, um ihn auf diese Aufgabe vorzubereiten.

3. Die Analyse

Achten Sie auf die Stellen, an denen Salomo uns ermahnt, das Leben zu genießen und zufrieden zu sein mit dem, was Gott uns zugewiesen hat.

Thema: Ist das Leben wirklich lebenswert?
Schlüsselverse: 1,1-3; 12,13-14

I. DIE PROBLEMATIK WIRD DARGELEGT – Pred 1–2
Das Leben ist nicht lebenswert! Bedenke:
- A. Die Eintönigkeit des Lebens (1,4-11)
- B. Die Nichtigkeit der Weisheit (1,12-18)
- C. Die Sinnlosigkeit des Reichtums (2,1-11)
- D. Die Gewissheit des Todes (2,12-23)

Genieße das Leben (2,24)

II. DIE PROBLEMATIK WIRD DISKUTIERT – Pred 3–10
Er zieht jedes der oben genannten Argumente in Betracht:
- A. Die Eintönigkeit des Lebens (3,1–5,9)
  1. Blicke nach oben (3,1-8)
  2. Blicke in dich hinein (3,9-14)
  3. Blicke nach vorn (3,15-22)
  4. Blicke um dich (4,1–5,9)

  Genieße das Leben (3,12-15.22)
- B. Die Sinnlosigkeit des Reichtums (5,7–6,9)
  1. Reichtum nutzen (5,10-17)
  2. Reichtum genießen (5,18–6,12)

  Genieße das Leben (5,17-19)
- C. Die Nichtigkeit der Weisheit (7,1–8,17)
  1. Wir machen das Leben besser (7,1-10)
  2. Wir sehen das Leben klarer (7,11-18)
  3. Wir stellen uns dem Leben als stärkere Menschen (7,19–8,17)

  Genieße das Leben (8,15)

D. Die Gewissheit des Todes – (9,1–10,20)
   1. Der Tod ist unvermeidlich (9,1-10)
   2. Das Leben ist unvorhersehbar (9,11-18)
   3. Hüte dich vor Torheit (10,1-20)
   Genieße das Leben (9,7-10)

III. DIE PROBLEMATIK WIRD AUFGELÖST– Pred 11–12
   A. Lebe durch Glauben (11,1-6)
   B. Genieße das Leben jetzt (11,7–12,8)
   C. Bereite dich auf das Gericht vor (12,9-14)
   Genieße das Leben (11,9-10)

In Prediger 12,10-12 erklärte Salomo, wie er dieses Buch geschrieben hat: Er suchte nach gefälligen Worten und ordnete sie bestmöglich. Er schrieb, dass er *»Treiberstachel«* einbaute, um unser Denken anzustacheln, und *»Nägel«* einschlug, an denen man praktische Schlüsse aufhängen konnte. Behalten Sie dies bei Ihrem Studium des Textes im Hinterkopf. Sein Werk war von Gott inspiriert, denn es wurde von *»einem Hirten gegeben«*.

4. Die Anwendbarkeit

Worin liegt für uns heute die praktische Anwendbarkeit dieses Buches? Ist das Buch Prediger nur ein interessantes Ausstellungsstück in einem religiösen Museum, oder hat es eine Botschaft für die Menschen des Weltraumzeitalters?

Seine Botschaft ist aktuell. Immerhin unterschied sich die Gesellschaft, die Salomo ein Jahrtausend vor Christi Geburt unter die Lupe nahm, gar nicht so sehr von unserer heutigen Welt. Salomo sah Ungerechtigkeit, die den Unterdrückten zugefügt wurde (4,1-3), korrupte Politiker (5,7), inkompetente Führer (10,6-7), Schuldige, die man nicht davon abhielt, noch weitere Verbrechen zu begehen (8,11), Materialismus (5,10) und die Sehnsucht nach der »guten, alten Zeit« (7,10). Das klingt doch recht modern, nicht wahr?

Wenn Sie noch niemals Jesus Christus als Ihrem Heiland vertraut haben, dann werden Sie von diesem Buch dazu gedrängt, dies umgehend zu tun. Warum? Weil – unabhängig davon, wie viel Reichtum, Bildung oder soziales Prestige Sie besitzen mögen – ein Leben ohne Gott nichtig ist. Sie *»haschen nach Wind«*, wenn Sie erwarten, Zufriedenheit und innere Erfüllung in den Dingen dieser Welt zu finden. *»Denn was nützt es einem Menschen, die ganze Welt zu gewinnen und sein Leben einzubüßen?«*, fragte Jesus (Mk 8,36).

Salomo experimentierte mit dem Leben und entdeckte, dass in Besitz, Vergnügungen, Macht oder Status keine dauerhafte Befriedigung lag. Er hatte alles, doch sein Leben war leer! Sie und ich brauchen diese Experimente nicht zu wiederholen. Lassen Sie uns Salomos Schlussfolgerungen akzeptieren und den Schmerz vermeiden, den man erleiden muss, wenn man in den Laboratorien des Lebens experimentiert. Diese Experimente haben ihren Preis, und eines davon könnte sich als tödlich erweisen.

Wenn man durch Glauben an den Sohn Gottes zu Gottes Familie gehört, ist das Leben nicht eintönig; es ist stattdessen ein tägliches Abenteuer, das den Charakter formt und Sie befähigt, anderen Menschen zur Ehre Gottes zu dienen. Statt Entscheidungen auf der Grundlage der Weisheit dieser Welt zu treffen, wird Ihnen Gottes Weisheit zur Verfügung stehen (Jak 1,5).

Was Reichtum und Freude angeht, so schenkt uns Gott *»alles reichlich … zum Genuss«* (1Tim 6,17). *»Der Segen des HERRN, der macht reich, und eigenes Abmühen fügt neben ihm nichts hinzu«* (Spr 10,22). Der Reichtum und die Vergnügungen der Welt schenken keine Zufriedenheit, und das Streben nach Macht und Status ist nichtig. In Jesus Christus haben wir alles, was wir im Leben und im Tod brauchen, jetzt und in Ewigkeit.

Wenn es eine Wahrheit gibt, die Salomo in diesem Buch hervorhebt, dann ist dies die Gewissheit des Todes. Gleichgültig, was Salomo genoss oder leistete, der beängstigende Schatten des Todes lag stets über ihm. Jesus Christus jedoch hat den Tod besiegt und ist *»die Auferstehung und das Leben«* (Joh 11,25). Der Sieg seiner Auferstehung bedeutet, dass unsere *»Mühe im Herrn nicht vergeblich ist«* (1Kor 15,58).

Wenn Sie Jesus Christus nicht als Ihren Heiland kennen, wird alles, wofür Sie leben und arbeiten, letztendlich zugrunde gehen; und auch Sie selbst werden zugrunde gehen. Der Glaube an Jesus Christus jedoch schenkt Ihnen das ewige Leben und das Privileg, ihm zu dienen und Ihre Lebensjahre in das Ewige zu investieren.

Darum lautet die erste Botschaft des Predigers: Wende dich ab von der Nichtigkeit der Sünde und der Welt und vertraue auf Jesus Christus (Joh 3,16; Eph 2,8-10).

Wenn Sie jedoch an Jesus Christus glauben und das Geschenk des ewigen Lebens erhalten haben, fragt Salomo Sie: »Lebst du für den Herrn oder für die Dinge der Welt?« Bedenken Sie: Salomo kannte Gott und war von ihm reich gesegnet worden, aber dennoch wandte er sich ab vom Herrn und ging seinen eigenen Weg. Da wundert es nicht, dass er bei seinem Blick auf das Leben pessimistisch und skeptisch wurde! Er hatte nicht Gottes Blickwinkel, denn er lebte nicht für Gottes Ziele.

Mehr als ein bekennender Christ ist schon Salomos schlechtem Beispiel gefolgt und hat begonnen, für die Dinge dieser Welt zu leben. Paulus schrieb über einen seiner Gefährten im Dienst: *»Denn Demas hat mich verlassen, da er den jetzigen Zeitlauf liebgewonnen hat …«* (2Tim 4,10). Der Apostel Johannes warnte: *»Liebt nicht die Welt noch was in der Welt ist!«* (1Joh 2,15); und Jakobus ermahnt uns, uns *»von der Welt unbefleckt zu erhalten«* (Jak 1,27).

Wenn man anfängt, für die Welt zu leben statt für den Willen Gottes, beginnt man, das Leben aus der falschen Perspektive zu sehen, nämlich *»unter der Sonne«* statt »über der Sonne«. Statt zu suchen, was droben ist (Kol 3,1ff.), beginnt man, sich auf die Dinge zu konzentrieren, die sich darunter befinden. Diese falsche Sicht verführt einen dann bald dazu, falsche Werte zu akzeptieren und aufzuhören, für das Ewige zu leben. Das Ergebnis ist Enttäuschung und Niederlage; das einzige Gegenmittel ist Buße und Bekenntnis der Sünde (1Jo 1,9).

Das Buch Prediger enthält auch eine Botschaft für den treuen Gläubigen, der dem Herrn dienen und ein erfülltes Leben in Jesus Christus führen möchte. Salomo sagt: »Steck' nicht den Kopf in den

Sand und tu nicht so, als ob es keine Probleme gäbe. Natürlich gibt es sie! Tritt dem Leben ehrlich entgegen, aber sieh' es aus Gottes Perspektive an. Die Philosophien der Menschen werden dir nicht weiterhelfen. Benutze deine von Gott gegebene Weisheit, aber erwarte nicht, jedes Problem lösen und jede Frage beantworten zu können. Das Wichtigste ist, Gottes Willen zu gehorchen und alles zu genießen, was er dir schenkt. Vergiss nicht, der Tod wird kommen, also sei vorbereitet!«

Vielleicht ist diese Botschaft am besten in Moses Gebet zusammengefasst: *»So lehre uns denn zählen unsere Tage, damit wir ein weises Herz erlangen!«* (Ps 90,12)

Ich begann dieses Kapitel mit einigen Metaphern, die »das Leben« beschreiben, und ich möchte noch ein weiteres Zitat hinzufügen. Es stammt von dem beliebten amerikanischen Schriftsteller Peter DeVries: »Das Leben ist eine stark befahrene mehrspurige Autobahn mit verwirrenden kleeblattförmigen Ausfahrten, auf denen man zwangsläufig in dieselbe Richtung zurückrast, aus der man gekommen ist.«

Das muss Ihnen nicht passieren! König Salomo hat diese Straße bereits erschöpfend erforscht und uns eine zuverlässige Landkarte geschenkt, der wir folgen können. Und wenn wir Gottes Wort folgen, werden wir zufrieden sein.

Sind Sie bereit für die Reise?

Was wird das Leben für Sie sein: Nichtigkeit oder Sieg?

ZWEI

Prediger 1,4-18

In Kreisläufen leben

»Alles, was ein Indianer tut, geschieht in Kreisläufen«, sagte Schwarzer Elch, der religiöse Führer der Sioux. »Selbst die Jahreszeiten bilden in ihrem Wandel einen großen Kreislauf und kehren stets wieder. Das Leben eines Menschen ist ein Kreislauf von Kindheit zu Kindheit …«

Man könnte annehmen, dass Schwarzer Elch das erste Kapitel des Buches Prediger studiert hat, doch Tatsache ist: Jahrhunderte lang haben sich Männer und Frauen unterschiedlicher Nationen und Kulturen Gedanken gemacht über die Geheimnisse der »Kreisläufe« des menschlichen Lebens. Wenn man Formulierungen benutzt wie »Kreislauf des Lebens«, »Rad des Glücks« oder »der Kreis schließt sich«, schließt man sich Salomo, dem Schwarzen Elch und einer Reihe anderer an, die das Leben und die Natur als Kreislauf sehen.

Diese Sicht des Lebens war jedoch für Salomo eine Last. Denn: Ist das Leben überhaupt lebenswert, wenn es lediglich Teil eines großen Kreislaufs ist, über den wir keine Kontrolle haben? Wenn sich dieser Kreislauf Jahreszeit für Jahreszeit, Jahrhundert für Jahrhundert wiederholt, warum sind wir dann nicht in der Lage, ihn zu verstehen und zu erklären? Salomo sann über diese Fragen nach, als er den Kreislauf des Lebens *»unter der Sonne«* betrachtete, und kam zu drei traurigen Schlussfolgerungen: Nichts ändert sich (1,4-7), nichts ist neu (1,8-11), und nichts ist verstanden worden (1,12-18).

1. Nichts ändert sich (Pred 1,4-7)

In diesem Abschnitt näherte sich Salomo dem Problem als Wissenschaftler und überprüfte »das Rad der Natur« um sich herum: die Erde, die Sonne, den Wind und das Wasser. (Dies erinnert uns an die antiken »Elemente« Erde, Luft, Feuer und Wasser.) Er war erstaunt über die Tatsache, dass Generationen von Menschen kamen und gingen, während die Dinge in der Natur gleich blieben. Überall war Veränderung, doch nichts änderte sich wirklich. Alles war nur Teil des »Kreislaufs der Natur« und trug zur Eintönigkeit des Lebens bei. Deshalb stellte Salomo die Frage: »Ist das Leben lebenswert?«

Um nachzuweisen, dass sich nichts wirklich ändert, präsentierte Salomo vier Beweisstücke.

Die Erde (V. 4). Vom menschlichen Gesichtspunkt erscheint nichts beständiger und dauerhafter als der Planet, auf dem wir leben. Wenn wir sagen, dass etwas »so sicher wie die Welt ist«, ist dies ein Echo von Salomos Vertrauen in das Bestehen des Planeten Erde. In all ihrer Vielfalt ist die Natur in ihren Abläufen gleichförmig genug, damit wir ihre »Gesetze« entdecken und für uns nutzen können. Tatsächlich ist diese »Zuverlässigkeit« die Grundlage moderner Wissenschaft.

Die Natur ist stets gleichbleibend, doch der Mensch ist vergänglich, nichts als ein Pilger auf Erden. Seine Pilgerreise ist nur von kurzer Dauer, denn schließlich holt ihn der Tod. Ganz zu Beginn seines Buches stellte Salomo ein Thema vor, das im Prediger häufig erwähnt wird: die Kürze des Lebens und die Gewissheit des Todes.

Einzelne Menschen und Familien kommen und gehen, Nationen und Reiche steigen auf und gehen unter, doch nichts ändert sich, denn die Welt bleibt dieselbe. Thomas Carlyle nannte die Geschichte »ein machtvolles Drama, vorgeführt im Theater der Zeit, mit Sonnen als Leuchten und der Ewigkeit als Kulisse.« Salomo würde wohl hinzufügen, dass sich die Kostüme und die Dekorationen gelegentlich verändern, doch die Schauspieler und das Drehbuch ziemlich gleich bleiben; und das ist so sicher wie die Welt.

Die Sonne (V. 5). Wir bewegen uns nun vom Kreislauf von Geburt und Tod auf Erden hin zum Kreislauf von Tag und Nacht im Himmel. »So sicher wie die Welt!« wird ersetzt durch »So sicher, wie die Nacht auf den Tag folgt!« Salomo stellt sich die Sonne vor, wie sie im Osten aufgeht und »verlangend« (wörtliche Übersetzung) ihren Weg über den Himmel zum westlichen Horizont hin nimmt. Doch was leistet sie mit dieser täglichen Reise? Welchen Sinn hat diese lange Wanderung und Hitze? Was den Himmel angeht, so ist ein Tag wie der andere, und der Himmel bleibt derselbe.

Der Wind (V. 6). Von der sichtbaren Ost-West-Bewegung der Sonne wandte sich Salomo zu der unsichtbaren Nord-Süd-Bewegung des Windes. Er erklärte nicht den physikalischen Aspekt des Windes, sondern stellte fest, dass der Wind ständig in Bewegung ist und dabei »Kreisläufen« folgt, die der Mensch nicht wirklich verstehen oder erfassen kann. *»Der Wind weht, wo er will«*, sagte unser Herr zu Nikodemus, *»und du hörst sein Sausen, aber du weißt nicht, woher er kommt und wohin er geht«* (Joh 3,8).

Salomo will damit sagen: Der Wind ist ständig in Bewegung und wechselt die Richtungen, aber dennoch bleibt er unverändert – der Wind! Wir hören ihn, wir fühlen ihn, und wir sehen, was er anrichtet; doch im Laufe der Jahrhunderte hat der Wind nicht seine Kreisläufe verändert. Der Mensch kommt und geht, aber der Wind weht unverändert auf ewig fort.

Das Meer (V. 7). Salomo beschrieb hier den »Kreislauf des Wassers«, der mithilft, Leben auf unserem Planeten zu erhalten. Wissenschaftler sagen, dass sich zu jedem beliebigen Zeitpunkt 97 Prozent des gesamten Wassers auf der Erde in den Meeren befindet und nur 0,0001 Prozent in der Atmosphäre, um als Regen zu fallen. (Diese Menge ist ausreichend für etwa zehn Tage Regen.) Das Zusammenwirken von Sonne und Wind ermöglicht das Verdampfen und das Aufsteigen der Feuchtigkeit, und dadurch »zirkuliert« das Wasser. Doch das Meer verändert sich niemals! Die Flüsse und der Regen führen den Meeren Wasser zu, aber die Meere bleiben unverändert.

Ob wir also die Erde oder den Himmel, den Wind oder das Wasser betrachten, wir kommen stets zu demselben Schluss: Die Natur verändert sich nicht. Es gibt Bewegung, aber keine *Fort*bewegung. Da überrascht es nicht, dass Salomo *die Eintönigkeit des Lebens* als erstes Argument anführt, um zu beweisen, dass das Leben nicht lebenswert ist (1,4-11).

Dies alles ist *nur dann wahr, wenn man das Leben »unter der Sonne« betrachtet* und Gott außen vor lässt. Dann wird die Welt zu einem geschlossenen System, das einheitlich, vorhersehbar, unveränderlich ist. Sie wird zu einer Welt, wo es keine Gebetserhörungen und keine Wunder gibt, denn nichts kann den Kreislauf der Natur unterbrechen. Wenn es in dieser Art Welt einen Gott gibt, dann kann er nicht zu unseren Gunsten handeln, denn er ist selbst gefangen in den »Naturgesetzen«, die nicht aufgehoben werden können.

Gott *greift* jedoch in die Natur ein, um große und wunderbare Dinge zu tun! Er hört und beantwortet unsere Gebete und wirkt im Sinne seiner Menschen. Er hielt die Sonne auf ihrer Position fest, damit Josua eine wichtige Schlacht schlagen konnte (Jos 10,6-14), und er bewegte die Sonne rückwärts als Zeichen für König Hiskia (Jes 38,1-8). Er teilte das Schilfmeer und den Jordan für Israel (2Mo 14; Jos 3–4). Er stellte für Elia den Regen ab (1Kö 17) und dann wieder an (Jak 5,17-18). Er stillte den Wind und die Wellen für die Jünger (Mk 4,34-41) und wird in der Zukunft die Kräfte der Natur benutzen, um den Menschen auf der Erde Schrecken und Gericht zu bringen (siehe Offb 6ff.).

Wenn Sie durch Glauben Jesus Christus als Ihren Heiland annehmen und Gott Ihr himmlischer Vater wird, leben Sie nicht länger in einem »geschlossenen System« endloser eintöniger Kreisläufe. Sie dürfen fröhlich singen: »Dies ist die Welt meines Vaters!«, und wissen, dass er jedes Ihrer Bedürfnisse befriedigen wird, wenn Sie auf ihn vertrauen (Mt 6,25-34). Christen leben in dieser Welt als Pilger, nicht als Gefangene, und deshalb sind sie voll Freude und Zuversicht.

2. Nicht ist neu (Pred 1,8-11)

Wenn sich nichts ändert, ist es nur vernünftig, daraus zu schließen, dass nichts in dieser Welt neu ist. Dieser »logische Schluss« mag die

Menschen zu Salomos Zeit zufrieden gestellt haben, uns heute jedoch verwirrt er. Immerhin sind wir dank der modernen Wissenschaft von einer Vielzahl von Wunderdingen umgeben und auch abhängig, von Telefonen über Herzschrittmacher bis hin zu Wundermedikamenten. Wie kann jemand, der zugesehen hat, wie Neil Armstrong den Mond betrat, mit Salomo der Meinung sein, dass nichts unter der Sonne neu ist?

In dieser Diskussion verwandelte sich Salomo von einem Wissenschaftler in einen Historiker. Lassen Sie uns seine Begründung schrittweise nachvollziehen.

Der Mensch möchte etwas Neues (V. 8). Warum? Weil in dieser Welt letztendlich alles langweilig wird und die Menschen sich nach etwas sehnen, was sie ablenkt oder rettet. Sie gleichen den Athenern in den Tagen des Paulus, diese *»brachten ihre Zeit mit nichts anderem zu, als etwas Neues zu sagen und zu hören«* (Apg 17,21). Doch sogar während sie diese »Neuigkeiten« erzählen, sehen oder hören, sind sie unzufrieden mit dem Leben und sind zu fast allem bereit, um sich davon abzulenken. Die Unterhaltungsindustrie ist natürlich dankbar für diese menschliche Gier nach Neuem und zieht mit großem Profit ihre Vorteile daraus.

In Prediger 3,11 erklärt Salomo, warum Männer und Frauen mit dem Leben unzufrieden sind: Gott hat *»die Ewigkeit in ihr Herz gelegt«*, und niemand kann ohne ihn Frieden und Zufriedenheit finden. »Geschaffen hast du uns zu dir, Gott«, betete Augustinus, »und *ruhelos* ist unser Herz, bis es Ruhe findet in dir.« Das Auge kann erst Frieden finden, wenn es die Hand Gottes sieht; und das Ohr kann erst Frieden finden, wenn es die Stimme Gottes hört. Durch Glauben müssen wir der Einladung unseres Herrn folgen: *»Kommt her zu mir …! Und ich werde euch Ruhe geben«* (Mt 11,28).

Die Welt bietet nichts Neues (V. 9-10). Dr. H. A. Ironside, der langjährige Pastor der *Moody Church* in Chicago, pflegte zu sagen: »Wenn es neu ist, ist es nicht wahr; und wenn es wahr ist, ist es nicht neu.« Alles Neue ist ganz einfach eine Neuverbindung von Altem. Der Mensch kann nichts Neues »schaffen«, denn der Mensch ist nicht der Schöpfer, sondern nur die Schöpfung. *»Was da ist, war längst, und* *was sein wird, ist längst gewesen ...«* (3,15). Thomas Alva Edison, einer der weltgrößten Erfinder, sagte einst, dass seine Erfindungen lediglich »die Geheimnisse der Natur hervorbringen und sie zum Wohle der Menschheit nutzen«.

Nur Gott kann Neues schaffen, und er beginnt, indem er aus Sündern eine *»neue Schöpfung«* macht, wenn sie darauf vertrauen, dass Jesus Christus sie rettet (2Kor 5,17). Dann können sie *»in Neuheit des Lebens wandeln«* (Röm 6,4), ein *»neues Lied«* singen (Ps 40,4) und *»einen neuen und lebendigen Weg«* auf Gottes Gegenwart zu gehen (Hebr 10,20). Eines Tages werden sie *»einen neuen Himmel und eine neue Erde«* sehen (Offb 21,1), wenn Gott spricht: *»Siehe, ich mache alles neu«* (Offb 21,5).

Warum wir glauben, dass manche Dinge neu sind (V. 11). Die Antwort ist simpel: Wir haben ein schlechtes Gedächtnis (siehe 2,16; 4,16 und 9,5). Man sagt, dass die Antike all unsere besten Ideen gestohlen hat, und das ist die schmerzliche Wahrheit.

Während einer Konferenz kam ein junger Mann auf mich zu und fragte mich, ob er mir einige neue Ideen für die christliche Jugendarbeit darlegen dürfe. Begeistert umriss er mir seine Vorstellungen, aber je länger ich ihm zuhörte, umso bekannter kamen mir seine Ideen vor. Ich ermutigte ihn, seine Vorstellungen in die Praxis umzusetzen, aber ich sagte ihm auch, dass wir all diese Dinge schon lange vor seiner Geburt bei *Youth for Christ* (YFC) umgesetzt hätten, und dass die YFC-Streetworker dies immer noch täten. Er wirkte durch die Entdeckung der Tatsache, dass es tatsächlich nichts Neues unter der Sonne gab, leicht irritiert.

Natürlich schrieb Salomo über die Grundprinzipien des Lebens und nicht über Methoden. Wie das bekannte Sprichwort sagt: »Methoden gibt es viele, Grundsätze nur wenige; Methoden ändern sich ständig, aber Grundsätze bleiben stets gleich.« Die antiken Philosophen wussten das. Der Stoiker Marc Aurel schrieb: »Die, die nach uns kommen, werden nichts Neues sehen; und die, die vor uns gingen, sahen nicht mehr als das, was wir gesehen haben.« Die einzigen Menschen, die wirklich annehmen, dass sie etwas Neues gesehen haben, sind jene, deren Erfahrungen begrenzt sind oder deren Vorstellungskraft nicht die Oberfläche der Dinge durchdringen kann. Weil etwas modern ist, glauben sie, dass es neu ist; sie verwechseln Neuheit mit Originalität.

3. Nichts ist verstanden worden (Pred 1,12-18)

Der Historiker wird zum Philosophen, als Salomo erzählt, wie er nach der Lösung des Problems suchte, das ihn quälte. Als König von Israel standen ihm alle Ressourcen zur Verfügung, die notwendig waren, um mit unterschiedlichen Lösungen zu »experimentieren«, um festzustellen, wodurch das Leben lebenswert wurde. Im Laboratorium des Lebens experimentierte er mit dem Genuss verschiedener körperlicher Freuden (2,1-3), vollendete großartige und kostspielige Werke (2,4-6) und sammelte viel Besitz an (2,7-10), nur um festzustellen, dass dies alles lediglich *»Nichtigkeit und ein Haschen nach Wind«* (V. 14) war.

Bevor er jedoch seine Experimente in Angriff nahm, nahm sich Salomo Zeit, um die Sache zu durchdenken. Er war der weiseste aller Menschen und wandte diese von Gott geschenkte Weisheit auf das Problem an. Er konzentrierte sich vollständig auf diese Sache, um zum Kern vorzustoßen (*»erforschen«*) und sie von allen Seiten zu betrachten (*»erkunden«*). In einem ihrer Kriminalromane schrieb Dorothy Sayers: »Es gibt nichts, was man nicht beweisen kann, solange man nur engstirnig genug ist.« Salomo ging die Dinge anders an.

Dies sind einige seiner vorläufigen Schlüsse:

Das Leben ist hart, aber es ist das Geschenk Gottes (V. 13). Er beschrieb das Leben als *»ein übles Geschäft«*, das einen nur erschöpft. Als Gott dem Menschen einst das Leben schenkte, war die Welt natürlich noch nicht wegen der Sünde verflucht worden (1Mo 3,14ff.). Seit dem Sündenfall des Menschen *»seufzt die ganze Schöpfung zusammen und liegt zusammen in Geburtswehen«* (Röm 8,22); dies ist einer der Gründe, warum das Leben so schwer ist. Wenn unser Herr eines Tages zurückkehrt, wird die Schöpfung aus dieser Sklaverei errettet werden.

Während ich mich eines Abends in meinem Garten entspannte, saß ein Rotkehlchen auf einer Fernsehantenne und zwitscherte fröhlich. Während ich ihm zuhörte, hielt ich mir selbst diese Predigt:

> Seit dem Sonnenaufgang hat dieser Vogel nichts anderes getan, als versucht zu überleben. Er hat seine Kräfte darauf verwendet, sich vor seinen Feinden zu verstecken und für sich und seine Jungen nach Futter zu suchen. Und dennoch *singt er am Ende des Tages davon*!
>
> Hier stehe ich, geschaffen nach dem Bilde Gottes und errettet durch die Gnade Gottes, und ich beschwere mich selbst über die kleinsten Unannehmlichkeiten des Lebens. Eines Tages werde ich wie der Herr Jesus Christus sein; das allein sollte für mich Grund genug sein, ebenso wie dieses kleine Rotkehlchen Gottes Lob zu singen.

Das Leben wird nicht leichter, wenn man versucht, davor wegzulaufen (V. 14). All die Werke, die *»unter der Sonne«* verrichtet werden, machen das Herz niemals wirklich zufrieden. Sie sind nur *»Nichtigkeit und ein Haschen nach Wind«* (V. 14). Sowohl der Mensch, der nicht ohne Arbeit leben kann, als auch der Mensch, der nicht ohne Alkohol leben kann, läuft vor der Realität davon und ersetzt sie; eines Tages wird die Blase der Illusion zerplatzen. Wenn wir zu entfliehen versuchen, erschweren wir uns das Leben nur. Statt vor dem Leben davonzulaufen, sollten wir zu Gott hin laufen und ihn das Leben lebenswert machen lassen.

Die letztmögliche Fluchttür ist die Selbsttötung, und Salomo wird sich noch zu dem Todeswunsch der Menschen äußern. Manche Fachleute behaupten, dass in den Vereinigten Staaten jedes Jahr 40.000 Menschen Selbstmord begehen, und man schätzt, dass 400.000 den Versuch unternehmen. Doch wenn man sich *für das Leben entschieden* und Selbstmord zu Recht als Alternative ausgeschlossen hat, muss man entscheiden, *wie* man leben möchte – durch Glauben an sich selbst und die eigenen Fähigkeiten oder durch Glauben an den Herrn?

Nicht alles kann verändert werden (V. 15). Es ist anzunehmen, dass Salomo, der ein Kenner von Sprichwörtern war (1Kö 5,12), an dieser Stelle ein gängiges Sprichwort einschob, um seinen Standpunkt zu unterstreichen. In Kapitel 7,13 äußert er sich ganz ähnlich. Wenn wir all unsere Zeit und Energie darauf verwenden, alles Gekrümmte gerade zu biegen, wird uns nichts bleiben, um unser Leben zu leben! Und wenn wir versuchen, zu verbrauchen, was wir gar nicht haben, werden wir im Bankrott enden.

Vereinfacht sagt Salomo: »Die Vergangenheit kann nicht immer korrigiert werden; und es ist töricht, darüber nachzusinnen, was man hätte tun können.« Ken Taylor interpretiert Vers 15: »Was falsch ist, kann nicht richtig gemacht werden, das ist Schnee von gestern, und es ist sinnlos, darüber nachzudenken, was hätte sein können.«

Wir müssen uns jedoch bewusst machen, dass Gott die Macht hat, Gekrümmtes gerade zu biegen und zu geben, was fehlt. Er kann nicht die Vergangenheit ändern, doch er kann die Auswirkungen der Vergangenheit auf uns verändern. Für den verlorenen Sünder ist die Vergangenheit ein schwerer Anker, der ihn in die Tiefe hinabzieht; für das Kind Gottes jedoch ist die Vergangenheit – trotz ihrer Sünden und Fehler – ein Ruder, das ihn vorwärts leitet. Der Unterschied besteht im Glauben.

Als er hier auf Erden wirkte, bog unser Herr oftmals Gekrümmtes gerade und gab, was fehlte (Lk 13,11-17; Mt 12,10-13; 15,29-39; Joh 6,1-13). Der Mensch kann dies nicht aus eigener Weisheit oder Kraft tun, aber *»kein Wort, das von Gott kommt, wird kraftlos sein«* (Lk 1,37). Salomo blickte auf diese Probleme von einem entsprechenden Punkt *»unter der Sonne«*, und deshalb erschienen sie unlösbar.

Weisheit und Erfahrung werden nicht jedes Problem lösen (V. 16-18). Jene, die durchs Leben gehen, indem sie durch Erklärungen leben, werden aus mindestens zwei Gründen stets unglücklich sein. Zuerst einmal sei gesagt, dass es auf dieser Seite des Himmels für manche Dinge, die geschehen, keine Erklärungen gibt, und außerdem ist Gott nicht verpflichtet, Erklärungen abzugeben. (Und selbst wenn er es täte, würden wir sie möglicherweise gar nicht verstehen!) Außerdem hat Gott bestimmt, dass seine Menschen durch *Verheißungen* leben statt durch Erklärungen, durch Glauben statt durch Sehen. *»Glückselig sind, die nicht gesehen und doch geglaubt haben!«* (Joh 20,29).

Wenn irgendjemand dafür gerüstet war, die schwierigen Probleme des Lebens zu lösen und zu erklären, was es mit dem Leben auf sich hatte, dann war das Salomo. Er war der weiseste aller Menschen, und die Leute kamen von überall her, um seine Weisheit zu hören (1Kö 5,9-14). Sein Reichtum war unermesslich, und deshalb hatte er die Ressourcen, um ziemlich alles zu tun, was er wollte. Auf seiner Suche nach den richtigen Antworten erlebte er sogar »Tollheit und Torheit« (das Absurde, das Gegenteil von Weisheit). Nichts war ihm zu mühsam.

Doch diese Vorteile befähigten Salomo nicht dazu, all die Antworten zu finden, die er suchte. Tatsächlich machte seine große Weisheit alles nur noch schwieriger, denn Weisheit und Wissen verstärken Trauer und Schmerz. Menschen, die niemals über die Probleme des Lebens nachsinnen, die naiv in den Tag hinein leben, verspüren niemals den Schmerz des Ringens mit Gott in dem Versuch, seine Wege zu verstehen. Je mehr wir nach Wissen und Weisheit trachten, umso mehr wird uns unsere Unwissenheit bewusst. Dadurch wird die Last nur umso größer. »All unser Wissen bringt uns unserer Unwissenheit näher«, schrieb T. S. Eliot in *Choruses from »The Rock«*. Ein altes Sprichwort sagt: »Ein weiser Mann ist niemals glücklich.«

All dies geht zurück auf den Garten Eden und Satans Angebot an Eva, dass sie, wenn sie die Frucht essen würde, Gutes und Böses erkennen könne (1Mo 3). Als Adam und Eva sündigten, erkannten sie den Unterschied zwischen Gutem und Bösem am eigenen Leibe, doch da sie Gott entfremdet waren, *vergrößerte* dieses Wissen nur noch ihren Kummer. Seitdem ist es allen Menschen so ergangen. Ob es sich um Flugzeuge, Pestizide oder Fernsehen handelt, jeder Fortschritt des menschlichen Wissens und Könnens schafft nur neue Probleme für die Gesellschaft.

Für manche Menschen mag das Leben eintönig und bedeutungslos sein, aber das ist nicht so notwendig. Für gläubige Christen ist das Leben kein geschlossener Kreislauf, sondern eine offene Tür; täglich erfahren sie neue Segnungen des Herrn. Gewiss, wir können nicht alles erklären, aber das Leben ist nicht auf Erklärungen aufgebaut, sondern auf Verheißungen – und wir haben viele Verheißungen in Gottes Wort!

Der Wissenschaftler sagt uns, dass das Leben ein geschlossenes Buch und nichts neu ist.

Der Philosoph sagt uns, dass das Leben ein tiefgehendes Problem ist und nicht verstanden wurde.

Doch Jesus Christus ist »*Gottes Kraft und Gottes Weisheit*« (1Kor 1,24), und er hat wunderbarerweise in die Geschichte eingegriffen, um all denen, die ihm vertrauen, neues Leben zu bringen.

Wenn Sie »in Kreisläufen leben«, dann übergeben Sie ihm Ihr Leben.

DREI

Prediger 2

Vom Leben angewidert?

»Vom Erhabenen zum Lächerlichen ist es nur ein Schritt.« Dieses Zitat wird Napoleon nach seinem demütigenden Rückzug von Moskau im Winter 1812 zugeschrieben. Der zähe russische Widerstand in Verbindung mit dem harten russischen Winter war zu viel für das französische Heer, und sein erwarteter erhabener Sieg verwandelte sich in eine beschämende Niederlage.

Als Teil seines Strebens nach einem guten Leben prüfte König Salomo alles – vom Erhabenen bis zum Lächerlichen. Im großen Laboratorium des Lebens experimentierte er mit einer Sache nach der anderen, wobei er stets die Weisheit anwandte, die Gott ihm geschenkt hatte (V. 3.9). In diesem Kapitel berichtet Salomo von drei Stufen seiner Experimente, mit denen er nach einem befriedigenden Sinn des Lebens suchte.

1. Er prüfte das Leben (Pred 2,1-11)

Dank der finanziellen Mittel und der Macht, die Salomo zur Verfügung standen, konnte er so ziemlich alles tun, wonach ihm der Sinn stand. Er entschied, sein eigenes Herz zu prüfen, um zu sehen, wie er auf zwei weitverbreitete Lebenserfahrungen reagieren würde: Vergnügen (V. 1-3) und Arbeit (V. 4-11).

Freude (2,1-3). Das hebräische Volk glaubte zu Recht, dass Gott den Menschen geschaffen hatte, um ihn die Segnungen seiner Schöpfung genießen zu lassen (Ps 104, und beachten Sie 1Tim 6,17). Die Zeit der Ernte war eine Freude für sie, weil sie Gottes Segen ihrer Arbeit ernteten. Am Ende seines Buches ermahnte Salomo seine

Leser, Gottes Segnungen in den Tagen ihrer Jugend zu genießen, bevor das Alter naht und der Körper zerfällt (12,1ff.). Im Buch Prediger benutzt Salomo acht Mal das hebräische Wort, das »Freude« bedeutet; daraus ist zu entnehmen, dass er Gott nicht als einen himmlischen Spielverderber ansah, der streng darauf achtete, dass niemand Spaß hatte.

Insbesondere erwähnt Salomo Wein und Lachen als zwei Quellen der Freude, die er in seinem Experiment einsetzte. Man braucht nicht viel Phantasie, um sich den König in seinem prachtvollen Speisesaal (1Kö 10,21) vorzustellen, wie er köstliche Speisen (1Kö 5,2-3) zu sich nimmt, vom allerbesten Wein trinkt und den begabtesten Unterhaltern zusieht (2,8b). Doch wenn die Feierlichkeit vorüber war und König Salomo sein Herz befragte, war es immer noch unzufrieden und leer. Freude und Frohsinn waren nur Nichtigkeit, wie Seifenblasen, die schnell zerplatzten und sich in Nichts auflösten.

Vielleicht wurde Salomo von vielen seiner Diener beneidet, und sie wünschten sich, mit ihm tauschen zu können, doch der König war unglücklich. *»Sogar beim Lachen kann das Herz Kummer haben«*, schrieb er in Sprüche 14,13, *»und zuletzt wird aus Freude Traurigkeit.«*

Die heutige Welt ist vergnügungssüchtig. Millionen Menschen sind gewillt, praktische jede Summe zu zahlen, um sich »Erfahrungen zu kaufen und vorübergehend der Last des Lebens zu entfliehen. An unschuldigem Vergnügen ist nichts auszusetzen, aber der Mensch, der sein Leben lang dem Vergnügen nachjagt, wird am Ende zwangsläufig enttäuscht sein.

Warum? Zum einen entwickelt sich die Jagd nach dem Vergnügen meist zu einem egoistischen Unternehmen, und Egoismus zerstört wahre Freude. Menschen, die ihrem Vergnügen leben, nutzen häufig andere aus, um ihr Ziel zu erreichen, und schließlich bleiben ihnen nur zerstörte Beziehungen und leere Herzen. *Menschen sind wichtiger als Dinge oder packende Erlebnisse.* Wir sollen Kanäle sein und keine Vorratsbecken; die größte Freude erleben wir, wenn wir Gottes Freude mit anderen teilen.

Wenn Sie allein ihrem Vergnügen leben, wird sich ihr Genuss verringern, es sei denn, die Intensität ihres Vergnügens steigert sich.

Dann erreichen Sie einen Punkt, von dem an Ihre Reaktionen geringer werden und sie statt Vergnügen nur noch Abhängigkeit empfinden. Beispielsweise empfinden Menschen umso weniger Vergnügen, je mehr Alkohol sie konsumieren. Dies bedeutet, dass sie immer mehr und stärker konzentrierten Alkohol zu sich nehmen müssen, um Spaß zu haben; das traurige Ergebnis ist der Wunsch danach ohne die erwartete Befriedigung. Statt Alkohol, Drogen, Spielen, Sex, Geld, Berühmtheit oder anderen Zielen gilt dieser Grundsatz: Wenn sich das Leben einzig auf Vergnügen konzentriert, wird es schließlich in Enttäuschung und Leere enden.

Es gibt einen dritten Grund, warum allein das Vergnügen niemals Zufriedenheit schenken kann: Es wirkt nur auf einen Teil der Person und ignoriert den Menschen als Ganzes. Dies ist der Hauptunterschied zwischen oberflächlicher »Unterhaltung« und wahrem »Vergnügen«, wahrer Freude, denn wenn der ganze Mensch angesprochen ist, ist dies sowohl Vergnügen als auch Bereicherung. Unterhaltung hat ihren Platz im Leben, doch wir müssen bedenken, dass sie uns lediglich dabei hilft, dem Leben vorübergehend zu entfliehen. Wahres Vergnügen bringt nicht nur Freude, sondern wirkt auch charakterbildend, indem es den ganzen Menschen bereichert.

Arbeit (2,4-11). Als Nächstes beschäftigte sich Salomo mit allen möglichen Projekten, wobei er hoffte, etwas zu entdecken, was das Leben lebenswert machen würde. Er begann mit *großen Werken* (V. 4-6), einschließlich Häusern (1Kö 7), Städten (2Chr 8,4-6), Gärten, Weinbergen, Obstplantagen und Wäldern (1Kö 5,13) sowie den Bewässerungssystemen, die zur Bewirtschaftung nötig waren. Natürlich überwachte Salomo auch den Bau des Tempels (1Kö 5ff.), der eines der großartigsten Gebäude der antiken Welt war.

Er hatte nicht nur Arbeit, sondern auch *Arbeiter* (Pred 2,7a). Er besaß zwei Arten von Sklaven: Jene, die er gekauft hatte und jene, die in seinem Haushalt geboren waren. Er hätte hinzufügen können, dass er für die Arbeit an verschiedenen Projekten 30.000 jüdische Männer als Zwangsarbeiter aushoben hatte (1Kö 5,27-32). Sein Vater David hatte die Fremdlinge im Land zwangsverpflichtet (1Chr

22,2), aber Salomo zog seine eigenen Leute zur Arbeit heran, und das Volk lehnte dies ab (siehe 1Kö 12).

Natürlich sammelte Salomo *Reichtum* an (Pred 2,7b-8a), in Rinder- und Schafherden (1Kö 8,63) sowie in Gold und Silber (1Kö 5,1 und 10,1ff.). Er war der reichste und weiseste Mann in der ganzen Welt, aber dennoch war er unglücklich, denn aktives Handeln allein bringt keine dauerhafte Freude.

Im *Ausführen* großer Projekte kann Freude liegen, doch was geschieht, wenn die Aufgabe beendet ist? Salomo hatte Freude *während* seiner Arbeit (2,10), doch wenn er sich hinterher all seine Werke ansah, sah er nur *»Nichtigkeit und ein Haschen nach Wind«* (2,11). Die Reise war ein Vergnügen, doch das Ziel schmerzte. »Der Erfolg ist voll Versprechen, bis der Mensch ihn hat«, sagte der amerikanische Prediger Henry Ward Beecher, »und dann ist er ein altes Nest, das die Vögel zurückgelassen haben.«

Wir sollten daraus nicht schließen, dass Salomo Arbeit an sich für schlecht hielt, denn Arbeit ist eine Segnung Gottes. Selbst vor dem Sündenfall arbeitete Adam im Garten Eden. *»Und Gott, der HERR, nahm den Menschen und setzte ihn in den Garten Eden, ihn zu bebauen und ihn zu bewahren«* (1Mo 2,15). Im Buch Sprüche pries Salomo den Fleiß und verurteilte Faulheit, denn er wusste, dass jede ehrliche Arbeit zur Ehre Gottes getan werden kann (1Kor 10,31). Doch Arbeit *allein* kann das menschliche Herz nicht zufrieden stellen, ganz gleich, wie erfolgreich sie auch sein mag (Jes 55,2).

Dies hilft uns verstehen, warum viele Leistungsträger unglückliche Menschen sind. Ambrose Bierce nannte das Erreichen des Ziels »den Tod des Strebens und die Geburt des Abscheus«. Dies ist häufig der Fall. Sogenannte *Overachiever*, also Menschen, die Ihr Leistungssoll noch überschreiten, fliehen häufig vor sich selbst, indem sie sich in die Arbeit stürzen; dies führt jedoch nur zu Enttäuschung. Wenn solche »Arbeitstiere« in Rente gehen, fühlen sie sich häufig unnütz und sterben manchmal mangels sinnvoller Beschäftigung.

Salomo prüfte das Leben, und sein Herz sagte: *»Nichtigkeit!«*

2. Salomo hasste das Leben (Pred 2,12-23)

»Und ich wandte mich«, bedeutet ganz einfach: »Ich betrachtete die Dinge aus einer anderen Perspektive«. Er betrachtete seine Weisheit (V. 12-17) und seinen Reichtum (V. 18-23) *im Licht der Gewissheit des Todes*. Was hat man davon, weise und reich zu sein, wenn man schließlich doch sterben und alles zurücklassen wird?

Die Gewissheit des Todes ist ein Thema, das Salomo im Buch Prediger häufig anschnitt (1,4; 2,14-17; 3,18-20; 5,15-16; 6,6; 8,8; 9,2-3.12; 12,7-8). Bei der Betrachtung des Lebens *»unter der Sonne«* konnte er es nur schwerlich außer Acht lassen, denn der Tod ist eine der markantesten Tatsachen des Lebens. Der französische Schriftsteller Montaigne schrieb: »Die Philosophie dient dem Menschen lediglich dazu, sich auf den Tod vorzubereiten.« Nur der ist auf das Leben vorbereitet, der auch auf den Tod vorbereitet ist.

Er dachte über seine Weisheit nach (2,12-17). Worin liegt der Wert der Weisheit, wenn der Weise ebenso stirbt wie der Tor? Wir könnten unsere Weisheit der kommenden Generation als Richtschnur hinterlassen – doch wie können wir gewiss sein, dass sie sie schätzen und nutzen wird? *»Denn was wird der Mensch tun, der nach dem König kommen wird?«*, lässt darauf schließen, dass es töricht ist, wenn nachfolgende Generationen die gleichen »Experimente« (und Fehler) machen, statt von ihren Ahnen zu lernen; *aber dennoch tun sie es!* Es gibt gar nichts Neues unter der Sonne (1,9), und sie können lediglich wiederholen, was wir bereits getan haben.

Trotz der Tatsache, dass alle Menschen sterben müssen, ist Weisheit dennoch von größerem Wert als Torheit. Sie sind so verschieden wie Tag und Nacht! *Der Weise erkennt, dass der Tod kommen wird, und lebt dementsprechend, wohingegen der Tor in der Dunkelheit wandelt und unvorbereitet überrascht wird.* Doch auf den Tod vorbereitet zu sein, erleichterte Salomo nicht unbedingt die Last seines Lebens, denn ein Mensch braucht lange Zeit, um zu lernen, wie man lebt, und dann ist das Leben vorbei. All dies erscheint so sinnlos.

Sowohl der Weise als auch der Tor sterben, und sowohl der Weise als auch der Tor geraten in Vergessenheit (V. 16). Salomos Berühmtheit hat natürlich überlebt (1Kö 5,9-14; Mt 6,28-30); die meisten »berühmten« Menschen, die verstorben sind, werden jedoch in normalen Unterhaltungen selten genannt, obwohl ihre Lebensgeschichten in Nachschlagwerken zu finden sind. (Ich habe bemerkt, dass so manche dieser Biographien von Ausgabe zu Ausgabe schrumpfen).

»Da hasste ich das Leben«, schloss Salomo, doch er dachte nicht über Selbstmord nach, denn den Tod wollte er vermeiden. »Ich hasse das Leben, und dennoch habe ich Angst vor dem Sterben!«, sagte der französische Humanist Voltaire; Salomo hätte ihm wohl zugestimmt. Das Leben erschien Salomo unlogisch und sinnlos, aber es war immer noch besser als der Tod. Man könnte diesen Satz interpretieren als: »Deshalb widerte mich das Leben an!«

Der gesunde Christ würde das Leben natürlich nicht verabscheuen, ganz gleich, wie schwierig sich die Umstände gestalten. Es ist wahr, dass einige große Männer sterben wollten, so beispielsweise Hiob (Hi 3,1–7,21), Mose (4Mo 11,15), Elia (1Kö 19,4) und Jona (Jon 4,3), doch wir sollten uns diese einzelnen Menschen nicht zum Vorbild nehmen. Alle diese Männer haben letztendlich ihre Meinung geändert.

Nein, der Christ sollte *»das Leben lieben«* (1Petr 3,10, zitiert aus Ps 34,12ff.) und danach trachten, zur Ehre Gottes so viel wie möglich in das Leben zu investieren und auch so viel wie möglich herauszuholen. Wir genießen vielleicht nicht alles im Leben, und wir können auch nicht alles im Leben erklären, doch das ist auch nicht wichtig. Wir leben durch Verheißungen und nicht durch Erklärungen und wir wissen, dass unsere *»Mühe im Herrn nicht vergeblich ist«* (1Kor 15,58).

Er dachte über seinen Reichtum nach (2,18-23). Salomo hasste nicht nur das Leben, sondern er hasste auch den Reichtum, der das Ergebnis seiner Mühen war. Natürlich war Salomo von Geburt an reich und mehrte seinen Reichtum noch, weil er der König war. Doch er blickte auf das Leben *»unter der Sonne«* und sprach für die einfachen Leute, die seiner Diskussion zuhörten. Er nannte drei Gründe, warum er seines Reichtums überdrüssig war.

Erstens: Wir können ihn nicht behalten (V. 18). Eines Tages würde

Salomo sterben und alles seinem Nachfolger hinterlassen. Das erinnert uns an die Warnung unseres Herrn im Gleichnis vom reichen Toren (Lk 12,13-21) und an die Worte von Paulus in 1. Timotheus 6,7-10. Ein jüdisches Sprichwort lautet: »Das letzte Hemd hat keine Taschen.«

Geld ist ein Tauschmittel. Wenn man es nicht ausgibt, hat man wenig oder gar nichts davon. Man kann Geld nicht essen, aber man kann damit Essen kaufen. Es hält einen nicht warm, aber man kann damit Heizöl kaufen. Ein Reporter des *Wall Street Journal* nannte Geld »etwas, das man als universellen Ausweis zum Betreten jedes Ortes außer dem Himmel nutzen kann, und als universellen Lieferanten von allem außer Glücksgefühl.«

Sie und ich sind natürlich *Verwalter* unseres Vermögens; Gott ist der Lieferant (5Mo 8,18) und der Eigner, und er schenkt uns das Privileg, es zu genießen und zu seiner Ehre zu nutzen. Eines Tages werden wir Rechenschaft ablegen darüber, was wir mit seinen wertvollen Geschenken getan haben. Auch wenn wir Reichtum nicht mit uns nehmen können, wenn wir sterben, so können wir ihn doch »vorausschicken«, indem wir ihn heute gemäß Gottes Willen nutzen (Mt 6,19-34).

Zweitens: Wir können unser Vermögen nicht schützen (V. 19-20). Es ist schlimm genug, dass wir unseren Reichtum zurücklassen müssen, aber schlimmer noch, dass wir ihn möglicherweise jemandem hinterlassen, der ihn verprasst! Was, wenn er oder sie ein Tor ist und alles niederreißt, was wir uns aufgebaut haben? Zu jenem Zeitpunkt wusste Salomo es noch nicht, aber sein Sohn Rehabeam tat schließlich genau das (1Kö 11,41–12,24).

Viele Leute haben versucht, ihr Testament so zu formulieren, dass ihr Vermögen nicht verschwendet werden kann, aber nicht alle waren dabei erfolgreich. Trotz ihrer Unterweisung und dem guten Beispiel, das sie geben, können Väter und Mütter nicht vorhersehen, was die nächste Generation mit dem Vermögen anfangen wird, das sie unter großen Mühen angesammelt haben. Salomos Reaktion bestand darin, weiterzugehen und sich schlicht den Tatsachen des Lebens und des Todes zu ergeben (*»mein Herz der Verzweiflung zu* *überlassen«*, V. 20). Ein kerniger Prediger formulierte es so: »Wir alle müssen lernen, mit dem Unvermeidlichen zu kooperieren!«

Drittens: Wir können unser Vermögen nicht so genießen, wie wir sollten (V. 21-23). Wenn wir nur über unser Vermögen nachdenken und uns darum sorgen, was wohl damit geschehen wird, machen wir uns selbst das Leben schwer. Wir arbeiten schwer und hinterlassen dann das Vermögen jemandem, der noch nicht einmal etwas dafür getan hat (V. 21). Ist das etwa gerecht? Wir verbringen unsere Tage mit schwerer Arbeit und Mühsal und haben schlaflose Nächte, aber unseren Erben sind diese Erfahrungen fremd. Das alles klingt so sinnlos. *»Denn was bleibt dem Menschen von all seinem Mühen und vom Streben seines Herzens, womit er sich abmüht unter der Sonne?«* (V. 22).

An diesem Punkt wirkt Salomo sehr pessimistisch, aber das bleibt nicht lange so. Mit einem Schritt des Vertrauens erreicht er die dritte Stufe seines Experiments.

3. Er akzeptierte das Leben (2,24-26)

Dies ist die erste von sechs »Schlussfolgerungen« im Buch Prediger, von denen jede betont, wie wichtig es ist, das Leben als Gottes Geschenk anzunehmen und es nach dem Willen Gottes zu genießen (3,12-15.22; 5,18-19; 8,15; 9,7-10; 11,9-10). Salomo vertritt nicht die Haltung: »Esst, trinkt und freut euch eures Lebens, denn morgen werden wir sterben!« Das wäre nicht Glauben, sondern die Philosophie des Fatalismus. Stattdessen sagt er: »Dankt Gott für das, was ihr habt, und genießt es zur Ehre Gottes.« Paulus unterstützte diese Haltung, als er uns ermahnte, *»auf Gott, der uns alles reichlich darreicht zum Genuss«* zu vertrauen (1Tim 6,17).

Salomo machte deutlich, dass nicht nur die Segnungen von Gott kamen, sondern sogar der *Genuss dieser Segnungen* Gottes Geschenk an uns war (V. 24). Er betrachtete es als ein »Übel«, wenn ein Mensch alle Segnungen des Lebens von Gott empfangen hatte, aber sie nicht genießen konnte (6,1-5). Es ist offensichtlich, warum die Juden das Buch Prediger am Laubhüttenfest vorlesen, denn dieses

Fest ist für sie die Zeit des Erntedanks und des Jubels über Gottes großzügige Sorge für alle ihre Bedürfnisse.

Das Wichtigste ist, dass wir danach trachten, dem Herrn zu gefallen (V. 26) und darauf vertrauen, dass er für alle unsere Bedürfnisse sorgen wird. Gott möchte uns Weisheit, Erkenntnis und Freude schenken; diese drei Gaben befähigen uns, Gottes Segnungen zu schätzen und daran Freude zu finden. *Es genügt nicht, »Dinge« zu besitzen; wir müssen auch die Art Charakter besitzen, der uns befähigt, »Dinge« weise zu nutzen und sie angemessen zu genießen.*

Nicht so der Sünder. (Das hebräische Wort bedeutet »zurückbleiben, das Ziel verfehlen«.) Der Sünder mag reichlich Vermögen anhäufen, aber er kann es niemals wirklich genießen, denn in seinem Leben kommt Gott nicht vor. Tatsächlich fallen seine Reichtümer möglicherweise irgendwann an die Gerechten. Dies ist nicht immer der Fall, aber Gott lässt es geschehen, dass *»das Vermögen des Sünders aufbewahrt wird für den Gerechten«* (Spr 13,22). Bei ihrem Auszug aus Ägypten plünderten die Israeliten ihre ägyptischen Herren aus (2Mo 3,22; 12,36), und im Laufe der israelitischen Geschichte machten die Heere Israels bei ihren zahlreichen Eroberungen reiche Beute. Tatsächlich stammte ein großer Teil des Reichtums, der für den Tempel verwendet wurde, aus der Beute von Davids militärischen Heldentaten.

Es ist für den Sünder *»Nichtigkeit und ein Haschen nach Wind«*, Reichtümer anzuhäufen und gleichzeitig Gott zu ignorieren. Ohne Gott kann es keinen wahren Genuss der Segnungen oder Bereicherungen des Lebens geben. Es ist gut, Dinge zu haben, die man mit Geld kaufen kann, *vorausgesetzt*, man verliert nicht die Dinge, die man mit Geld nicht kaufen kann.

Damit schließt der erste Abschnitt des Buches Prediger – *die Problematik wird dargelegt*. Salomo hat vier Argumente angeboten, die zu beweisen scheinen, dass das Leben nicht wirklich lebenswert ist: die Eintönigkeit des Lebens (1,4-11), die Nichtigkeit der Weisheit (1,12-18), die Sinnlosigkeit des Reichtums (2,1-11) und die Gewissheit des Todes (2,12-23). Seine Argumentation scheint wahr zu sein, *wenn* man das Leben *»unter der Sonne«* betrachtet, also ausschließlich aus menschlicher Perspektive.

Wenn man jedoch Gott ins Spiel bringt, verändert sich alles! (Beachten Sie, dass Gott von 1,14 bis 2,23 nicht erwähnt wird.) Leben und Tod, Weisheit und Reichtum, alles liegt in seinen Händen; er möchte, dass wir seine Segnungen genießen und seinem Herzen gefallen. Wenn wir uns an den Gaben erfreuen, aber den Geber vergessen, sind wir undankbare Götzendiener.

In den nächsten acht Kapiteln wird Salomo jedes dieser vier Argumente betrachten und es widerlegen. Am Ende jeder Argumentation wird er sagen: »Genieße das Leben und sei Gott dankbar!« (Siehe die Gliederung auf den Seiten 16-17.) In seinen Diskussionen wird er die Nöte und Ungerechtigkeiten des Lebens ehrlich ansprechen, die Dinge, die uns aufseufzen lassen: »Warum, Herr?« Doch Salomo ist weder ein oberflächlicher Optimist mit einer rosaroten Brille noch ein skeptischer Pessimist mit Scheuklappen. Stattdessen blickt er entspannt auf das Leben und den Tod und hilft uns, beides aus Gottes ewiger Perspektive zu sehen.

»Das Leben ist nicht wie ein Buch«, sagt Chuck Colson, der Gründer von *Prison Fellowship*. »Das Leben ist weder logisch noch vernünftig noch geordnet. Die meiste Zeit ist das Leben ein Chaos. Und die Theologie muss inmitten dieses Chaos gelebt werden.«

Salomo wird uns diese Theologie bieten.

Es liegt an uns, sie zu leben – und *zufrieden zu sein!*

VIER

Prediger 3

Zeit und Mühsal

Überdenken Sie die folgenden Zitate zweier berühmter Professoren: »Warum sollten die Dinge nicht in hohem Maße absurd, sinnlos und vergänglich sein? Sie sind es, und auch wir sind es, und sie und wir passen sehr gut zusammen.« Das ist ein Zitat von George Santayana, der von 1889 bis 1912 in Harvard lehrte.

»Es gibt keinen Grund anzunehmen, dass ein Menschenleben mehr Bedeutung hat als das Leben des niedrigsten Insekts, das von einer Vernichtung zur nächsten krabbelt.« So schrieb Joseph Wood Krutch, Englischprofessor an der Columbia-Universität von 1937 bis 1952.

Beide Männer waren auf ihrem Gebiet brillant, doch die meisten von uns würden dem, was sie sagten, nicht zustimmen. Wir glauben, dass dem menschlichen Leben etwas Großartigeres anhaftet, was über die vergängliche Existenz an sich hinausgeht. Wir sind *nicht* wie Insekten. Dr. Krutch wusste sicherlich, dass Insekten *Lebenskreisläufe* haben, doch Männer und Frauen haben *Biografien*. Bienen gleichen einander weitestgehend, doch Menschen sind einzigartig und ihre Geschichten sind individuell. Man kann *Das Leben der Biene* verfassen, aber man kann nicht *Das Leben des Mannes* oder *Das Leben der Frau* schreiben.

Wenn wir als Individuen nicht einzigartig sind, sind wir nicht wichtig; wenn wir nicht wichtig sind, dann hat das Leben keine Bedeutung. Wenn das Leben keine Bedeutung hat, dann ist es nicht lebenswert. Dann können wir gleich der epikuräischen Philosophie folgen: »Lasst uns essen und trinken, denn morgen sterben wir.«

Salomo hatte vier Argumente genannt, die belegten, dass das Leben nichts war als das Greifen nach zerplatzten Seifenblasen und das Haschen nach Wind. Aber er war zu weise, um seine eigenen Argumente einfach so stehen zu lassen, und deshalb untersuchte er nochmals jedes einzelne gründlich in Prediger 3–10. Sein erstes Argument war *die Eintönigkeit des Lebens* (1,4-11), die er in Prediger 3,1–5,9 prüfte. Er entdeckte vier Faktoren, die man in Betracht ziehen muss, bevor man sagen kann, dass das Leben eintönig und bedeutungslos ist.

Als Erstes sah er etwas *über* dem Menschen, einen Gott, der die Zeit beherrschte und die Erfahrungen des Lebens ausglich (3,1-8). Dann sah er etwas *im* Menschen, das ihn mit Gott verband – die Ewigkeit in seinem Herzen (3,9-14). Als Drittes sah Salomo etwas, das *vor* dem Menschen lag – die Gewissheit des Todes (3,15-22). Und schließlich sah er etwas, das den Menschen *umgab* – die Probleme und Lasten seines Lebens (4,1–5,9).

Der Prediger lud also seine Zuhörer ein aufzublicken, in sich hinein zu blicken, vor sich zu blicken und sich umzusehen und dabei Zeit, Ewigkeit, Tod und Leiden in Betracht zu ziehen. Dies sind die vier Faktoren, die Gott benutzt, damit unser Leben nicht eintönig und bedeutungslos wird. Wir werden drei davon in diesem Kapitel und den vierten im nächsten Studienabschnitt überdenken.

1. Blicke auf: Gott richtet die Zeit ein (Pred 3,1-8)

Man muss kein Philosoph oder Wissenschaftler sein, um zu wissen, dass »Stunden und Zeiten« ein normaler Bestandteil des Lebens sind, egal wo man lebt. Ohne die Zuverlässigkeit der von Gott gegebenen »Naturgesetze« wären sowohl die Wissenschaft als auch das Alltagsleben chaotisch, vielleicht sogar unmöglich. Es gibt nicht nur Stunden und Zeiten in der Welt, sondern auch eine alles beherrschende Vorsehung in unserem Leben. Schon vor unserer Geburt bis hin zum Augenblick unseres Todes verwirklicht Gott seine göttlichen Ziele, auch wenn wir sein Tun nicht unbedingt immer verstehen.

In vierzehn Feststellungen bestätigte Salomo, dass Gott in unserem persönlichen Leben wirkt und seinen Willen umsetzt. Alle diese

Ereignisse kommen von Gott und sind gut *zu ihrer Zeit*. Die Folgerung ist klar: Wenn wir uns Gottes Zeitplan anpassen, wird das Leben nicht bedeutungslos sein. »*Alles hat er schön gemacht zu seiner Zeit*« (V. 11), selbst die schwierigsten Lebenserfahrungen. Die meisten dieser Feststellungen sind leicht verständlich, deshalb werden wir uns nur mit denen befassen, die eher einer Erklärung bedürfen.

Gebären und Sterben (V. 2). Solche Dinge wie Abtreibung, Geburtenkontrolle, Sterbehilfe und Leihmutterschaft erwecken den Eindruck, dass der Mensch Herr ist über Geburt und Tod, doch Salomo sagte etwas anderes. Gebären und Sterben sind keine menschlichen Zufälle; sie sind vielmehr von Gott festgelegt, denn Gott hat die Kontrolle. (Lesen Sie 1Mo 29,31 – 30,24 und 33,5; Jos 24,3; 1Sam 1,9-20; Ps 113,9 und 127; Jer 1,4-5; Lk 1,5-25; Gal 1,15 und 4,4.) Psalm 139,13-16 sagt, dass Gott uns in unserer Mutter Leib so wob, dass unsere genetische Struktur vollkommen ist für die Werke, für die er uns vorgesehen hat (Eph 2,10). Wir mögen törichterweise unseren Tod beschleunigen, aber wir können ihm nicht entfliehen, wenn unsere Zeit gekommen ist, es sei denn, Gott lässt es geschehen (Jes 38). »*Und in dein Buch waren sie alle eingeschrieben, die Tage, die gebildet wurden, als noch keiner von ihnen da war*« (Ps 139,16).

Pflanzen und Ausreißen des Gepflanzten (V. 2). Als Bauernvolk schätzten die Israeliten die Jahreszeiten. Tatsächlich basierte ihr religiöser Kalender auf dem Landwirtschaftsjahr (3Mo 23). Die Menschen mögen pflügen und säen, doch nur Gott kann Wachstum schenken (Ps 65,9-13). »*Ausreißen*« mag sich sowohl auf das Ernten als auch auf das Ausreißen nicht tragender Pflanzen beziehen. Ein erfolgreicher Landwirt weiß, dass die Natur nur dann für ihn arbeitet, wenn er mit der Natur arbeitet. Dies ist auch das Geheimnis eines erfolgreichen Lebens: Erlerne Gottes Grundsätze und passe dich ihnen an.

Töten und Heilen (V. 3). Dies bezieht sich wahrscheinlich nicht auf Krieg (V. 8) oder Selbstverteidigung, sondern auf die Folgen von Krankheiten und Seuchen im Land (1Sam 2,6). Gott lässt manche Menschen sterben und andere gesund werden. Das lässt nicht den Schluss zu, dass wir uns medizinischer Hilfe verweigern sollen, denn

Gott kann sowohl Mittel als auch Wunder benutzen, um seine Ziele zu erreichen (Jes 38).

Steine werfen und Steine sammeln (V. 5). Israelische Reiseleiter werden Ihnen erzählen, dass Gott einem Engel Steine gab und ihn anwies, sie in der Welt zu verteilen – und über Israel kam er ins Stolpern! Es ist tatsächlich ein felsiges Land, und die Bauern müssen ihre Felder von Steinen befreien, bevor sie pflügen und pflanzen können. Wenn man einem Feind schaden wollte, bedeckte man sein Feld mit Steinen (2Kö 3,19.25). Die Menschen sammelten Steine zum Bau von Mauern und Gebäuden. Steine an sich sind weder gut noch schlecht; es hängt ganz davon ab, was man damit anfängt. Wenn dein Feind dein Land mit Steinen füllt, dann wirf sie nicht zurück, sondern baue etwas aus ihnen!

Umarmen und sich Fernhalten vom Umarmen (V. 5). Die Menschen im Nahen Osten zeigen offen ihre Gefühle und küssen und umarmen sich stets, wenn sie zusammentreffen oder auseinander gehen. Deshalb könnte man es interpretieren mit »Zeit zum Begrüßen und Zeit zum Verabschieden«. Dies könnte sich auch auf Ehemann und -frau beziehen (3Mo 15,19-31; und siehe 1Kor 7,5).

Suchen und Verlieren (V. 6). »Suchen und als Verloren aufgeben« lautet eine andere Übersetzung. Der nächste Satz ist die biblische Erlaubnis für Flohmarktverkäufe: Zeit fürs Aufbewahren und Zeit fürs Wegwerfen!

Zerreißen und Zusammennähen (V. 7). Dies bezieht sich wahrscheinlich auf die israelitische Sitte, sich aus Trauer oder Buße die Kleider zu zerreißen (2Sam 13,31; Esr 9,5). Gott erwartet von uns, dass wir bei einem schmerzlichen Verlust trauern, aber nicht wie Ungläubige (1Thes 4,13-18). Es kommt ein Zeitpunkt, an dem wir Nadel und Faden hervorholen und die Dinge wieder flicken müssen!

Lieben und Hassen (V. 8). Dürfen Gottes Menschen hassen? Die Tatsache, dass der nächste Satz »Krieg und Frieden« erwähnt, lässt den Schluss zu, dass Salomo dabei hauptsächlich an die gesamte Nation dachte. Es gibt jedoch einige Dinge, die sogar Christen hassen sollten (2Chr 19,2; Ps 97,10; Spr 6,16.19; Offb 2,6.15).

Das Leben ähnelt einer ärztlichen Rezeptur: Einzeln eingenommen können die Wirkstoffe Sie töten, doch in der richtigen Zusammensetzung bringen sie Ihnen Heilung. Gott herrscht souverän und hat eine Zeit und ein Ziel für alles (Röm 8,28). Dies ist nicht Fatalismus, und es nimmt uns auch nicht die Freiheit oder die Verantwortung. Es ist die weise Vorsehung eines liebenden Vaters, der alles wohl tut und verspricht, alles zum Besten wirken zu lassen.

2. Blicke in dich hinein: Ewigkeit ist in deinem Herzen (Pred 3,9-14)

Der Prediger veränderte seinen Blickwinkel und sah nicht länger *nur* auf das Leben *»unter der Sonne«*. Er brachte Gott ins Bild und bekam dadurch eine neue Perspektive. In Vers 9 wiederholte er die Eröffnungsfrage aus 1,3: *»Welchen Gewinn hat also der Schaffende bei dem, womit er sich abmüht?«* Angesichts »neuer Beweise« hatte Salomo auf diese Frage drei Antworten.

Erstens: *Das Leben des Menschen ist ein Geschenk Gottes* (V. 10). Angesichts unserer täglichen Arbeitslast mag das Leben als ein merkwürdiges Geschenk erscheinen, aber dennoch ist es ein Geschenk Gottes. Wir »üben« uns darin, die Rätsel des Lebens zu ergründen, aber wir sind dabei nicht immer erfolgreich. Wenn wir das Leben gläubig als Geschenk annehmen und Gott dafür danken, werden wir besser mit den Belastungen umgehen können, die auf uns zukommen. Wenn wir das Leben missmutig als Last ansehen, werden wir die Geschenke verpassen, die auf uns zukommen. Die Sicht der Dinge beeinflusst die Entwicklung der Dinge.

Zweitens: *Das Leben des Menschen ist mit der Ewigkeit verbunden* (V. 11). Der Mensch wurde nach dem Bilde Gottes geschaffen, und ihm wurde die Herrschaft über die Schöpfung gegeben (1Mo 1,26-28), deshalb unterscheidet er sich vom Rest der Schöpfung. Er hat die »Ewigkeit im Herzen« und ist mit dem Himmel verbunden. Dies erklärt, warum niemand (auch nicht Salomo) mit seinen Bemühungen und Leistungen zufrieden sein kann oder in der Lage ist, die Rätsel des Lebens zu erklären (1,12–2,11). Gott vollendet seine Ziele zu seiner Zeit, aber erst, wenn wir in die Ewigkeit eingehen, werden wir seinen Gesamtplan verstehen.

Drittens: *Das Leben des Menschen kann jetzt erfreulich sein* (V. 12-14). Der Prediger deutete dies in Kapitel 2,24 an und betonte, dass dieser Genuss des Lebens eine Gabe Gottes ist (siehe 3,13; 6,2 und 1Tim 6,17). »Der Genuss des Lebens« ist ein wichtiges Thema des Predigers und wird in jedem der vier Abschnitte der Kapitel 3–10 erwähnt. (Siehe die Gliederung auf den Seiten 16-17.) Salomo unterstützt nicht den heidnischen Hedonismus, sondern stattdessen die Praxis des Genusses von Gottes Gaben als Früchte der eigenen Arbeit, ganz gleich, wie schwer das Leben auch sein mag. Das Leben scheint flüchtig, doch was Gott tut, ist auf ewig; wenn wir also für ihn leben und ihn wirken lassen, wird das Leben bedeutungsvoll und beherrschbar. Statt uns über das zu beschweren, was wir nicht haben, sollten wir genießen, was wir haben und Gott dafür danken.

Als der bekannte britische Methodistenprediger William Sangster erfuhr, dass er an Spinaler Muskelatrophie litt und nicht wieder gesund werden würde, fasste er vier Entschlüsse und hielt sich bis zum Ende daran: (1) Ich will mich niemals beklagen; (2) unser Zuhause soll ein heller Ort bleiben; (3) ich will mich an meinen Segnungen erfreuen; (4) ich will versuchen, das Beste daraus zu machen. Ebenso sollen wir nach Salomos Willen das Leben angehen.

Wir müssen jedoch erkennen, dass Salomo nicht etwa sagt: »Seid sorglos und froh.« Er wirbt für den Glauben an Gott, nicht für »den Glauben an den Glauben« oder an eine vage »höhere Macht«. Glaube ist nur so gut wie das *Objekt* des Glaubens, und das großartigste Objekt des Glaubens ist der Herr. Ihm kann man vertrauen.

Wie kann das Leben für Sie bedeutungslos und eintönig sein, wenn Gott Sie zu einem Teil seines ewigen Plans gemacht hat? Sie sind kein unwichtiges Insekt, das von einer traurigen Vernichtung zur nächsten krabbelt. Wenn Sie sich Jesus Christus anvertraut haben, sind Sie ein Kind Gottes, das auf ein ewiges Zuhause vorbereitet wird (Joh 14,1-6; 2Kor 4). Der puritanische Pastor Thomas Watson sagte: »Für die Frommen ist die Ewigkeit ein Tag ohne Sonnenuntergang, für die Gottlosen ist die Ewigkeit eine Nacht ohne Sonnenaufgang.«

Das rechte Verhalten ist für uns die Furcht des Herrn (V. 14), vergleichbar nicht mit der Unterwürfigkeit eines Sklaven gegenüber seinem grausamen Herrn, sondern mit der Unterordnung eines gehorsamen Kindes unter einen liebevollen Vater. (Siehe 5,7; 7,18; 8,12-13 und 12,13.) Wenn wir Gott fürchten, brauchen wir nichts anderes zu fürchten, denn er herrscht über alles.

3. Blicke nach vorn: Der Tod kommt zu allen (Pred 3,15-22)

In Kapitel 2,12-23 erwähnte Salomo bereits die Gewissheit des Todes, und er kommt mehrere Male auf dieses Thema zurück, bevor er sein Buch abschließt (4,8; 5,15-16; 6,6; 8,8; 9,2-3.12; 12,7-8). Leben, Tod, Zeit und Ewigkeit: Dies sind die »Zutaten«, aus denen unser kurzes Erleben dieser Welt besteht, und man sollte sie nicht ignorieren.

Vers 15 erinnert uns an 1,9-11 und gibt uns die Zusicherung, dass Gott über den »Kreislauf des Lebens« herrscht. Die Vergangenheit scheint sich zu wiederholen, und deshalb *»gibt es gar nichts Neues unter der Sonne«* (1,9); Gott kann jedoch in die Geschichte eingreifen und tun, was ihm gefällt. Seine vielen Wunder beweisen, dass der »Kreislauf« ein Muster ist und kein Gefängnis. Sein eigener Sohn trat durch eine Wundergeburt in das menschliche Leben ein. Dann starb er am Kreuz und erstand wieder auf, wodurch er den Kreislauf von Leben und Tod durchbrach. Weil Jesus Christus den »Teufelskreis« zerstörte, kann er uns zu einem Teil einer neuen Schöpfung machen, die Zeit und Tod überwindet (2Kor 5,17-21).

Salomo fügte hier einen neuen Gedanken hinzu: *»Und Gott sucht das Entschwundene wieder hervor«* (V. 15). Gelehrte sind sich bezüglich der Übersetzung dieser Formulierung uneins. Wörtlich heißt es: »Gott sucht, was davon eilt.« Salomo scheint zu sagen, dass die Zeit dahin eilt und uns entflieht; doch Gott beherrscht sie und wird am Ende bewerten, wie wir die Zeit genutzt haben (12,14). Dies passt zu den Versen 16-17, in denen Salomo das Unrecht seiner Zeit bezeugte und sich fragte, warum das göttliche Urteil auf sich warten ließ.

»Wenn Gott alles beherrscht, wie kann er es dann zulassen, dass es so viel Schlechtes in unserer Welt gibt, dass die Gottlosen in ihrer Sündhaftigkeit Erfolg haben und die Gerechten im Gehorsam leiden?« Salomo war nicht der Erste, der diese Frage aufwarf, und auch nicht der Letzte. Doch wieder einmal tröstete er sich mit zwei Erkenntnissen: Bei Gott gibt es für alles eine Zeit, einschließlich des Gerichts (siehe 8,6 und 11); und: Gott arbeitet in den und durch die Taten von Menschen – sogar die der Gottlosen – auf seine ewigen Ziele hin.

Ja, Gott wird richten, wenn die Geschichte ihren Verlauf genommen hat, doch *Gott urteilt jetzt* (V. 18). In den Erfahrungen des Lebens prüft Gott den Menschen. (In der *King James Bible* wird der Ausdruck »offenbaren« verwendet. Das hebräische Wort bedeutet »sieben, scheiden«.) Gott offenbart, wie der Mensch wirklich ist; er erforscht den Menschen. Denn wenn der Mensch Gott aus seinem Leben ausklammert, wird er einem Tier gleich. (Siehe Ps 32,9; Spr 7; 2Petr 2,19-20.) Er lebt wie ein Tier und stirbt wie ein Tier.

Wir dürfen die Verse 19-20 keinesfalls falsch interpretieren und zu dem irrigen Schluss kommen, dass zwischen Menschen und Tieren kein Unterschied besteht. Salomo betonte lediglich, dass Menschen und Tiere zweierlei gemeinsam haben: beide sterben, und ihre Körper kehren zum Staub zurück (1Mo 2,7; 3,19). Weil er nach dem Bilde Gottes gemacht ist, hat der Mensch einen klaren Vorteil gegenüber dem Tier, was das Leben angeht; doch in Bezug auf die Tatsache des Todes hat der Mensch keinerlei Vorteil, denn auch er wird wieder zu Staub. Natürlich werden Menschen, die durch ihren Glauben an Christus errettet sind, eines Tages auferstehen und verherrlichte Körper haben, die zur neuen himmlischen Heimat passen (1Kor 15,35ff.).

Die Bibel sagt, dass der Tod eintritt, wenn der Geist den Körper verlässt (Jak 2,26; und siehe 1Mo 35,18 und Lk 8,55). In Vers 21 sagt Salomo, dass Menschen und Tiere nicht das Gleiche erleben, wenn sie sterben, obwohl beide nach dem Tod zu Staub werden. Der Geist des Menschen geht zu Gott (siehe 12,7), wohingegen der Geist eines Tieres einfach aufhört zu existieren. In Psalm 49 finden Sie einen ähnlichen Gegensatz.

Der Prediger beendet diesen Abschnitt, indem er uns nochmals daran erinnert, das Leben aus Gottes Hand zu empfangen und es zu genießen, solange wir es können (V. 22). Niemand weiß, was uns in der Zukunft erwartet, und selbst wenn wir es wüssten, könnten wir nicht nach unserem Tod ins Leben zurückkehren und erneut anfangen, es zu genießen. (Siehe Kapitel 6,12; 7,14; 9,3.) In dem Wissen, dass Gott das Leben souverän beherrscht (3,1), können wir uns ihm unterordnen und Frieden verspüren.

Gott hält den Schlüssel zu allem Unbekannten,
und ich bin froh darüber;
wenn andere Hände den Schlüssel hielten
oder er ihn mir anvertraute,
wäre ich vielleicht traurig.

Ich kann seine Zukunftspläne nicht erkennen,
doch ich bin mir gewiss:
Ich habe das Lächeln seines Angesichts
und den ganzen Schutz seiner Gnade,
solange ich hier unten bin.

(J. Parker)

Der Glaube lernt, mit scheinbaren Unvereinbarkeiten und Absurditäten zu leben, denn wir leben durch Verheißungen und nicht durch Erklärungen. Wir können das Leben nicht erklären; wir müssen es »erleben«, entweder indem wir es ertragen oder indem wir es genießen.

Salomo ruft uns auf, das Leben anzunehmen, jeden einzelnen Tag zu genießen und zufrieden zu sein. Wir müssen niemals mit uns selbst zufrieden zu sein, doch wir müssen mit dem zufrieden sein, was Gott uns in diesem Leben schenkt. Wenn wir im Charakter und in der Frömmigkeit reifen und durch Glauben leben, werden wir mit Paulus sagen können: *»Ich habe gelernt, mich darin zu begnügen, worin ich bin«* (Phil 4,11).

FÜNF

Prediger 4,1-16

Das Leben ist einfach nicht gerecht!

Als Salomo anfing, das Leben *»unter der Sonne«* zu prüfen, war seine Sichtweise frei und philosophisch (1,4-11); er kam zu dem Schluss, dass das Leben bedeutungslos und eintönig war. Als er jedoch die Frage erneut prüfte, ging er dorthin, wo die Menschen tatsächlich lebten, und stellte fest, dass das Leben nicht so einfach war. Als er wirkliche Menschen in wirklichen Situationen beobachtete, musste sich der König mit einigen schmerzlichen Tatsachen abfinden – mit Leben und Tod, Zeit und Ewigkeit und dem Letzten Gericht.

Philips Brooks, der vor einem Jahrhundert anglikanischer Bischof von Massachusetts gewesen war, wies seine Nachwuchstheologen an, drei »Bücher« zu lesen: Das Buch der Bücher, die Bibel; dazu das Buch der Natur und das Buch der Menschheit. Der Gelehrte wird niemals eine ausgeglichene Sicht auf sein Thema erlangen, wenn er in seinem Elfenbeinturm bleibt. Lernen und Leben müssen aufeinandertreffen.

In diesem Kapitel schrieb Salomo über seine Beobachtungen, während er vier verschiedene Orte besuchte und unterschiedliche Menschen bei unterschiedlichen Erfahrungen beobachtete. Er kam zu dem Schluss, dass das Leben alles andere als eintönig ist, denn wir wissen nicht, welche Probleme wann auf uns zukommen. Da wundert es uns nicht, dass er schrieb: *»Rühme dich nicht des morgigen Tages! Denn du weißt nicht, was ein Tag gebiert«* (Spr 27,1).

1. Im Gerichtssaal (Pred 4,1-3)

»Politik« ist einmal definiert worden als »die Verwaltung öffentlicher Angelegenheiten zum persönlichen Vorteil«. Die Nation Israel hatte ein angemessenes Rechtssystem (2Mo 18,13-27; 5Mo 17; 19), das auf göttlichem Recht gegründet war; das System konnte jedoch nur allzu leicht korrumpiert werden (Spr 5,7). Mose ermahnte die Amtsinhaber, ehrlich und gerecht zu sein (3Mo 19,15; 5Mo 1,17), aber sowohl die Propheten als auch der Psalmist klagten über soziales Unrecht (Ps 82; Jes 56,1; 59,1ff.; Am 1–2). Salomo war ein weiser und gerechter König (1Kö 3,16-28), aber er konnte unmöglich für die Integrität jedes Beamten in seiner Regierung garantieren.

Salomo ging in einen Gerichtssaal, um einen Prozess zu beobachten, und erlebte dort, wie machthungrige Beamte unschuldige Menschen unterdrückten. Die Opfer weinten, doch ihre Tränen richteten nichts aus. Niemand stand ihnen zur Seite, um sie zu trösten oder zu unterstützen. Die Unterdrücker hatten alle Macht, und ihre Opfer waren zu hilflos, um zu protestieren oder auf Entschädigung zu klagen.

Der amerikanische Redner Daniel Webster nannte Gerechtigkeit einst »das Band, das zivilisierte Menschen und ... Nationen zusammenhält.« Der »Körper Politik« in Salomos Zeit litt an zahlreichen Bänderrissen!

Der König erlebte drei Tragödien: (1) Unterdrückung und Ausbeutung in den Hallen der Justiz; (2) Schmerz und Leid im Leben unschuldiger Menschen und (3) einen Mangel an Betroffenheit seitens derer, die Trost hätten spenden können. Salomo war von dem Erlebten dermaßen schockiert, dass er entschied, es sei besser, tot zu sein als lebendig und unterdrückt. Tatsächlich wäre man am besten dran, wenn man gar nicht erst geboren worden wäre. Dann müsste man niemals die bösen Werke sündiger Menschen ansehen.

Warum unternahm Salomo nichts gegen diese Ungerechtigkeit? Immerhin war er der König! Doch nicht einmal der König konnte viel ausrichten, um das Problem zu lösen. Wenn Salomo angefangen hätte, in seine Regierung einzugreifen und Festgelegtes neu zu organisieren, hätte er nur neue Probleme geschaffen und noch mehr Korruption aufgedeckt. Damit möchte ich nicht sagen, dass wir heute die Hoffnung aufgeben sollen, mit politischer Korruption aufzuräumen. Als christliche Bürger sollen wir für alle Amtsinhaber beten (1Tim 2,1-6) und unser Möglichstes dazutun, damit gerechte Gesetze verabschiedet und angemessen durchgesetzt werden. Es ist jedoch zu bezweifeln, dass ein riesiger Verwaltungsapparat wie im alten Israel jemals frei von Korruption ist, oder dass ein einzelner »Kreuzritter« die Lage verbessern kann.

Edward Gibbon, der gefeierte Verfasser von *Verfall und Untergang des Römischen Reiches*, sagte, dass politische Korruption »das unfehlbarste Anzeichen konstitutioneller Freiheit« sei. Vielleicht hatte er Recht; denn wenn es einem frei steht zu gehorchen, steht es einem auch frei, ungehorsam zu sein. Manche von Salomos Beamten entschieden, dass sie über dem Gesetz standen, und die Unschuldigen mussten leiden.

2. Auf dem Marktplatz (Pred 4,4-8)

Abgestoßen von dem, was er in den »Hallen der Justiz« gesehen hatte, ging der König hinunter zum Marktplatz, um den verschiedenen Arbeitern bei ihren Tätigkeiten zuzusehen. Gewiss würde er dort nicht enttäuscht werden, denn ehrliche Arbeit ist ein Geschenk Gottes. Sogar Adam musste im Garten arbeiten (1Mo 2,15), und unser Herr war ein Zimmermann, als er hier auf Erden war (Mk 6,3). Salomo betrachtete vier verschiedene Arten von Menschen.

Der geschäftige Mensch (V. 4). Es war für Salomo ganz natürlich, als Erstes einen Menschen zu finden, der schwer arbeitete. Hatte denn nicht der König selbst den Wert harter Arbeit im Buch der Sprüche gepriesen? Der Mann war nicht einfach nur beschäftigt, sondern mit Können und Geschick bei der Arbeit. Er beherrschte sein Handwerk.

Soweit die *Hände* des Arbeiters, doch was war mit seinem *Herzen*? Hier erlebte Salomo die nächste Enttäuschung. Diese Leute arbeiteten hart und perfektionierten ihr Können einzig deshalb, um mit anderen mithalten zu können und mehr zu verdienen als ihre Nachbarn. Der Zweck ihrer Arbeit war es nicht, schöne oder nützliche Dinge herzustellen oder Menschen zu helfen, sondern der Konkurrenz voraus zu sein und in der Schlacht ums tägliche Brot zu überleben.

Gott machte diesen »Egoismus-Faktor« nicht zum Bestandteil

menschlicher Arbeit; er entspringt der Sünde in den Herzen der Menschen. Wir begehren, was andere haben; wir wollen nicht nur diese Dinge selbst haben, sondern noch mehr. Verlangen, Konkurrenz und Neid gehen oft Hand in Hand. Konkurrenzdenken an sich ist keine Sünde, doch wenn es wichtiger ist, »der Erste« zu sein als ehrlich zu sein, führt das zu Problemen. Traditionelle Rivalität zwischen Mannschaften oder Schulen mag hilfreich sei, doch wenn sich Rivalität in Krieg verwandelt, hat sich die Sünde eingeschlichen.

Der untätige Mensch (V. 5-6). Salomo bewegte sich von einem Extrem zum anderen und beobachtete einen Mann, der keinerlei Ehrgeiz hatte. Vielleicht konnte der König durch die Antithese mehr über das Leben lernen, so wie manche Wissenschaftler die Kälte studieren, um die Hitze besser verstehen zu können. Es muss ihm schwer gefallen sein, einem untätigen Mann zuzusehen, denn Salomo hatte keine Sympathie für faule Menschen, die den ganzen Tag lang mit verschränkten Händen irgendwo saßen und gar nichts taten. (Siehe Spr 18,9; 19,15; 24,30-34.)

Salomo lernte nichts, was er nicht schon wusste: Faulheit ist ein langsamer, bequemer Weg zur Selbstzerstörung. Es mag angenehm sein, jeden Morgen lange zu schlafen und nicht arbeiten zu gehen, doch es ist nicht angenehm, kein Geld zu haben, um die notwendigen Dinge des Lebens zu kaufen. *»Noch ein wenig Schlaf, noch ein wenig Schlummer, noch ein wenig Händefalten, um auszuruhen – und schon kommt wie ein Landstreicher deine Armut und dein Mangel wie ein unverschämter Mann«* (Spr 6,10-11). Paulus drückte es ganz unverblümt aus: *»Wenn jemand nicht arbeiten will, soll er auch nicht essen«* (2Thes 3,10).

Der geschäftige Mensch war durch Konkurrenz motiviert und im Hamsterrad des Lebens gefangen. Er hatte keine Zeit zum Ausruhen. Der untätige Mensch war durch sein persönliches Vergnügen motiviert und lief geradewegs ins Verderben. Er hatte keine Zeit zum Arbeiten. Gibt es denn keinen Mittelweg zwischen diesen beiden Extremen? Doch, es gibt ihn.

Der ganzheitliche Mensch (V. 6). Hier war ein Mann, dessen Leben ausgeglichen war: Er war ein produktiver Arbeiter, aber er achtete auch darauf, sich Zeit zur Ruhe zu gönnen. Er lief nicht im Hamsterrad, aber er versuchte auch nicht, den normalen Pflichten des Lebens zu entfliehen. Eine Harris-Umfrage aus dem Jahr 1989 offenbarte, dass die Freizeit, die der Durchschnittsamerikaner genoss, seit 1973 um 37 Prozent geschrumpft war. Dies lässt den Schluss zu, dass weniger Menschen wissen, wie sie ausgeglichen leben können. Sie sind wie Hamster im Laufrad und wissen nicht, wie sie es anhalten können.

Warum beide Hände voll Profit haben, wenn dieser Profit einen den inneren Frieden und möglicherweise die Gesundheit kostet? Es ist besser, Gewinn in der einen und Ruhe in der anderen Hand zu halten. Wenn ein Herz von Neid und Rivalität beherrscht wird, wird das Leben zu einer Abfolge von Schlachten (Jak 3,13–4,3; und siehe Spr 15,16). Paulus' Unterweisung über Geld in 1. Timotheus 6 passt an dieser Stelle, insbesondere Vers 6: *»Die Gottseligkeit mit Genügsamkeit aber ist ein großer Gewinn.«*

Der geschäftige Mensch denkt, dass Geld ihm Frieden bringen wird, doch er hat keine Zeit, um ihn zu genießen. Der untätige Mensch denkt, dass ihm das Nichtstun Frieden bringen wird, doch stattdessen zerstört ihn sein Lebenswandel. Der ganzheitliche Mensch genießt sowohl seine Arbeit als auch die Frucht seiner Arbeit und gleicht Mühsal mit Erholung aus. Du kannst vom Leben nehmen, was du möchtest, *aber du musst dafür bezahlen.*

Der unabhängige Mensch (V. 7-8). Dann bemerkte Salomo einen Einzelgänger, der schwer arbeitete, deshalb befragte er ihn. Der König entdeckte, dass der Mann weder Verwandte noch Geschäftspartner hatte, die ihm bei seiner Arbeit halfen, und dass er auch keine Hilfe wollte. Er wollte den gesamten Profit für sich allein haben. Doch er war so beschäftigt, dass er keine Zeit hatte, um seinen Gewinn zu genießen. Und wenn er stürbe, hätte er keine Familie, die seinen Reichtum erben würde. In anderen Worten: Seine ganze Arbeit war vergebens.

Der griechische Philosoph Sokrates sagte: »Das unüberprüfte Leben ist nicht lebenswert.« Der unabhängige Mann jedoch hielt niemals lange genug inne, um sich zu fragen: »Für wen arbeite ich so schwer? Warum beraube ich mich der Freuden des Lebens, nur um mehr und mehr Geld anzuhäufen?« Der geschäftige Mann schuf wenigstens Arbeitsplätze und der untätige Mann genoss seine Entspannung, doch der unabhängige Mensch half weder der Wirtschaft noch sich selbst.

Salomos Schluss war: *»Auch das ist Nichtigkeit und ein übles Geschäft«* (V. 8). Gott möchte, dass wir arbeiten, aber im rechten Geist und aus den rechten Gründen. Gesegnet sind die Ausgeglichenen!

3. Auf der Landstraße (Pred 4,9-12)

Salomos Erfahrung mit dem unabhängigen Menschen bewog ihn, den Wert der Freundschaft und des gemeinschaftlichen Tuns zu betrachten. Er mag sich an das israelitische Sprichwort erinnert haben: »Ein Mann ohne Freunde ist wie eine linke Hand, der die rechte geraubt wurde.« Vielleicht kam er auch durch die Beobachtung einiger Pilger auf der Landstraße zu dem Schluss: *»Zwei sind besser daran als ein Einzelner.«*

Zwei sind gewiss besser dran als ein Einzelner, wenn es ums *Arbeiten* geht (V. 9), weil zwei Arbeiter mehr erledigen können. Selbst wenn sie den Gewinn zwischen sich aufteilen, verdienen sie immer noch mehr, als hätten sie allein gearbeitet. Außerdem ist es viel leichter, schwierige Vorhaben gemeinsam zu erledigen, weil man einander ermutigen kann.

Zwei sind auch beim *Gehen* besser dran (V. 10). Die Straßen und Wege in Palästina waren noch nicht einmal befestigt, geschweige denn gepflastert, und auf den Feldern lagen viele versteckte Steine. Selbst für den erfahrensten Reisenden war es nicht ungewöhnlich, zu stolpern und hinzufallen, sich dabei vielleicht einen Knochen zu brechen oder sogar in eine versteckte Grube zu fallen (2Mo 21,33-34). Wie wunderbar, wenn man dann einen Freund hat, der einem (auf- oder heraus-) helfen kann. Wenn dies schon bei unserem körperlichen Hinfallen so ist, wie viel mehr trifft es dann auf jene Zeiten zu, wenn wir in unserem *geistlichen* Wandel stolpern und aufgerichtet werden müssen (Gal 6,1-2)? Wie dankbar sollten wir da für christliche Freunde sein, die uns helfen, recht zu wandeln.

Zwei sind besser dran als einer, wenn es um *Wärme* geht (V. 11). Zwei Reisende, die im Freien kampieren oder im Hof eines öffentlichen Gasthauses, verspüren die Kälte der israelitischen Nacht und brauchen die Wärme des jeweils anderen, um sich wohl zu fühlen. »Alleine warm« zu sein erfordert, dass man zusätzliche Decken mitnimmt, wodurch das Gepäck noch schwerer wird.

Schließlich sind zwei besser dran als einer, wenn sie *Wache* halten, besonders bei Nacht (V. 12). *»Und wenn einer den Einzelnen überwältigt, so werden doch die zwei ihm widerstehen«* (V. 12). Es war für jeden Menschen gefährlich, alleine zu reisen, ob bei Tag oder bei Nacht; die meisten Leute reisten um der Geselligkeit und der Sicherheit willen in Gruppen. Sogar David war dankbar für einen Freund, der einschritt und das Leben des Königs rettete (2Sam 21,15-17).

Salomo begann mit der Zahl *eins* (V. 8), ging dann zu *zwei* (V. 9) und schloss mit *drei* (V. 12). Dies ist typisch für die hebräische Literatur (Spr 6,16; Am 1,3.6.9 etc.). Eine einfache Schnur könnte leicht zerrissen werden; zwei Schnüre würden mehr Kraft erfordern, doch eine dreifache, geflochtene Schnur wird nicht so schnell zerrissen. Wenn zwei Reisende besser sind als einer, dann wären drei gemeinsam Reisende noch besser. Salomo hatte dabei nicht nur Zahlen im Sinn; er dachte außerdem an die Einheit, die drei miteinander verflochtene Schnüre bilden – welch ein wunderschönes Symbol der Freundschaft!

4. Im Palast (Pred 4,13-16)

Dies ist Salomos dritte »besser«-Feststellung (4,6.9.12), womit er zu einer Geschichte überleitet, die zwei Wahrheiten lehrt: die Instabilität politischer Macht und die Unbeständigkeit von Beliebtheit. Der König in der Geschichte hatte einst die Ratschläge seiner Berater angenommen und weise regiert, doch als er alt wurde, weigerte er sich, auf sie zu hören. Das Problem ging über Stolz und Senilität hinaus. Er war wahrscheinlich von »Parasiten« umgeben, die ihm schmeichelten, ihn von der Realität fernhielten und ihm alles nahmen, dessen sie habhaft werden konnten. Dies geschieht häufig bei schwachen Führern, die sich mehr um sich selbst sorgen als um ihre Leute.

In der Geschichte gibt es einen Helden, einen weisen Jugendlichen, der im Gefängnis sitzt. Vielleicht war er dort, weil er dem König zu helfen versucht hatte und der König dies ablehnte. Oder vielleicht hatte auch jemand den Jungen vor Gericht verleumdet. (Das war Josef zugestoßen. Siehe 1Mo 39.) Jedenfalls verließ der Junge das Gefängnis und wurde König. Jedermann feierte ihn und jubelte darüber, dass die Nation endlich eine weise Führung hatte.

Lassen Sie uns nun bedenken, was diese Geschichte aussagt. Der junge Mann war arm geboren worden, aber er wurde reich. Der alte König war reich, aber er wurde dadurch nicht weiser, deshalb hätte er ebenso gut arm sein können. Der junge Mann war im Gefängnis, doch er verließ es und bestieg den Thron. Der alte König war gefangen in seiner Dummheit (und im Kreis seiner Schmeichler) und verlor seinen Thron. Bis hierher lautet die Moral der Geschichte: Reichtum und Status sind keine Garanten für Erfolg, und Armut und scheinbares Versagen sind keine Hindernisse für Leistung. Der Schlüssel ist die Weisheit.

Doch die Geschichte geht noch weiter. Offenbar verließ der junge Mann das Gefängnis und übernahm auf Wunsch der Öffentlichkeit den Thron. *»Ich sah alle Lebenden, die unter der Sonne leben, mit dem Jungen, dem zweiten, der an jenes* [des alten Königs] *Stelle treten sollte«* (V. 15). Es schien, als ob der neue König alles erreicht hätte, doch seine Beliebtheit war leider nicht von Dauer. *»Endlos das ganze Volk, alle die, die er führte. Doch auch über ihn werden sich die Späteren nicht freuen«* (V. 16). Die neu Herangewachsenen setzten den König ab und ernannten jemand anderen zum König.

Oliver Cromwell, der Karl I. den britischen Thron nahm und das Commonwealth gründete, sagte einst zu einem Freund: »Vertraue nicht den Jubelnden, denn sie würden ebenso laut rufen, wenn du und ich gehängt werden würden.« Cromwell verstand die Psychologie der Massen!

Wieder einmal kam Salomo zur gleichen Erkenntnis: *»Auch das ist Nichtigkeit und ein Haschen nach Wind«* (siehe V. 4.8).

Ganz gleich, wohin Salomo ging oder welchen Aspekt des Lebens er studierte, er lernte eine wichtige Lektion vom Herrn. Als er aufblickte, sah er, dass Gott über das Leben herrschte und dessen unterschiedliche Erfahrungen ausglich (3,1-8). Als er in sich hineinblickte, sah er, dass der Mensch für die Ewigkeit geschaffen war und dass Gott alle Dinge zu ihrer Zeit schön machen würde (3,9-14). Als er nach vorn blickte, sah er den letzten Feind, den Tod. Als er dann um sich blickte (4,1-16), verstand er, dass das Leben komplex, schwierig und schwer zu erklären ist. Eines ist sicher: Wohin man auch blickt, man sieht Sorgen und Probleme und Menschen, die Ermutigung brauchen.

Salomo wurde jedoch nicht zynisch in Bezug auf das Leben. An keiner Stelle rät er uns, aus dem Rennen auszusteigen und uns in irgendeine sichere und bequeme Ecke der Welt zurückzuziehen, wo uns nichts bedrücken kann. Das Leben steht nicht still. Das Leben kommt mit voller Geschwindigkeit auf uns zu, ohne Warnung; und wir müssen aufstehen, es annehmen und mit Gottes Hilfe das Beste daraus machen.

Wenn dieses Kapitel uns etwas lehrt, dann, dass wir einander brauchen, denn *»zwei sind besser daran als ein Einzelner«*. Sicher hat ein unabhängiges Leben einige Vorteile, aber es hat auch Nachteile, und wenn wir älter werden, wird uns das schmerzlich bewusst.

Das Kapitel betont auch den Ausgleich im Leben. *»Besser eine Hand voll Ruhe als beide Fäuste voll Mühe und Haschen nach Wind«* (V. 6). Es ist gut, Dinge zu haben, die man mit Geld kaufen kann, vorausgesetzt, man verliert dabei nicht die Dinge, die man mit Geld nicht kaufen kann. Was kostet es Sie tatsächlich *im Sinne des Lebens*, die Dinge zu bekommen, die Ihnen wichtig sind? Wie viel Dauerhaftes opfern Sie, um Vorübergehendes zu erhaschen?

Oder um die Worte Jesu zu zitieren: *»Denn was nützt es einem Menschen, die ganze Welt zu gewinnen und sein Leben einzubüßen? Denn was könnte ein Mensch als Lösegeld für sein Leben geben?«* (Mk 8,36-37)

SECHS

Prediger 4,17–5,19

Haltet den Dieb!

Die Karikatur in einer Zeitschrift zeigte einen bedrückt aussehenden Mann, der das Büro eines Bankfilialleiters verließ; der Filialleiter sagte zu seiner Sekretärin: »Er leidet an Fälligitis: fällige Steuern, fällige Miete und fällige Unterhaltszahlungen.«

Heute leiden viele Menschen an der Fälligitis. Sie nehmen die Warnung nicht ernst, die Bill Earle vor vielen Jahren formuliert hat: »Wenn Ihre Ausgaben Ihr Einkommen übersteigen, dann wird Ihr Unterhalt Ihr Untergang sein.«

Der reiche König Salomo wusste viel über Geld. Manches davon drückte er in den Sprüchen aus, und manches fasste er hier im Buch Prediger in Worte. Er konnte schließlich nicht das *»Leben unter der Sonne«* diskutieren und dabei Geld ignorieren!

Er geht jedoch über das Thema Geld als solches hinaus und beschäftigt sich mit den *Werten* des Lebens, den Dingen, die wirklich zählen. Immerhin kann man auf mehr als nur eine Weise reich oder arm sein. In diesem Kapitel formuliert Salomo drei Warnungen, die sich auf die Werte des Lebens beziehen.

1. Beraube nicht den Herrn (Pred 4,17–5,6)

Salomo hatte den Gerichtssaal, den Marktplatz, die Landstraße und den Palast besucht. Nun schaute er im Tempel vorbei, jenem wundervollen Gebäude, dessen Erbauung er überwacht hatte. Er beobachtete das Kommen und Gehen der Gläubigen, die Gott lobten, beteten, opferten und Gelübde ablegen. Er bemerkte, dass viele unter ihnen ganz und gar nicht ernsthaft bei der Sache waren, und dass sie beim

Verlassen der heiligen Bezirke in schlechterer geistlicher Verfassung waren als bei ihrem Betreten. Worin bestand ihre Sünde? Sie beraubten Gott der Verehrung und der Achtung, die ihm gebührte. Ihre Anbetung war oberflächlich, unehrlich und heuchlerisch.

In der heutigen Sprache bedeutet *»bewahre deinen Fuß«* so viel wie »pass' auf, wohin du gehst«. Obwohl Gottes herrliche Gegenwart nicht in unseren Gemeindehäusern wohnt, wie es im Tempel der Fall war, sollten heutige Gläubige diese Warnung immer noch beherzigen. *Die Anbetung Gottes ist der höchste Dienst in der Gemeinde und muss aus hingebungsvollem Herzen und aus ehrerbietigem Geist heraus geschehen.* Denn wenn die Menschen Gottes an öffentlicher Anbetung teilnehmen, aber dabei Sünden verstecken, die sie nicht vor Gott bekannt haben, führt das zu Gottes Tadel und Gericht (Jes 1,10-20; Am 5; Ps 50).

Salomo berührte verschiedene Aspekte der Anbetung, darunter als ersten *das Darbringen von Opfern* (Pred 4,17). Gottes Menschen bringen heute dem Herrn keine Tieropfer mehr dar, wie man es in alttestamentlichen Zeiten tat, weil Jesus Christus in seinem Tod am Kreuz alle Opfer erfüllt hat (Hebr 10,1-14). Doch als die Priester Gottes bringen wir heutige Gläubige geistliche Opfer durch ihn dar: unsere Leiber (Röm 12,1-2); Menschen, die für den Heiland gewonnen werden (Röm 15,16), Geld (Phil 4,18); Lobpreis und gute Werke (Hebr 13,15-16); ein gebrochenes Herz (Ps 51,19) und unsere Gebete des Glaubens (Ps 141,1-2).

»Herantreten, um zu hören«, also dem Wort Gottes zu gehorchen, ist die wichtigste Pflicht des Beters. Opfer sind kein Ersatz für Gehorsam, wie König Saul feststellte, als er versuchte, seinen Ungehorsam mit heiligen Versprechen zu verdecken (1Sam 15,12-23). Opfer in der Hand ohne gehorsamen Glauben im Herzen werden zu »Schlachtopfern der Toren«, denn *nur ein Tor glaubt, dass er Gott täuschen kann.* Der Tor glaubt, dass er recht tut, doch er tut Böses. Und Gott weiß es.

Dann warnte Salomo vor *oberflächlichem Beten* (V. 1-2). Beten ist ein ernstes Geschäft. Ebenso wie bei einer Ehe soll man sich nicht leichtherzig und oberflächlich darauf einlassen, sondern besonnen und in der Furcht Gottes. Wenn Sie und ich das Privileg hätten, unsere Nöte und Bitten im Weißen Haus oder im Buckingham-Palast vorzubringen, würden wir uns unsere Worte sorgfältig zurechtlegen und uns angemessen verhalten. Um wie viel wichtiger ist dies, wenn wir vor den Thron des Allmächtigen Gottes treten. Dennoch findet so viel respektloses Beten statt durch Menschen, die nichts von der Furcht des Herrn zu wissen scheinen.

Wenn man betet, soll man sowohl *vorschnelle* Worte als auch *viele* Worte vermeiden (Mt 6,7). Das Geheimnis annehmbaren Betens ist ein vorbereitetes Herz (Ps 141,1-2), denn der Mund redet, was im Herzen ist (Mt 12,34-37). Wenn wir nur beten, um andere Menschen zu beeindrucken, werden wir nicht zu Gott durchdringen. Der Verfasser der »Pilgerreise«, John Bunyan, schrieb: »Beim Beten ist es besser, ein Herz ohne Worte zu haben als Worte ohne Herz.«

Vers 2 entspricht dem: Ebenso, wie viele Träume beweisen, dass ein Mensch hart arbeitet, beweisen viele Worte, dass der Beter ein Tor ist (Spr 29,20). Ich erinnere mich an ein Gebetstreffen der Gemeinde, bei dem ein junger Mann ausdrucksvoll und ausschweifend betete, doch niemand verspürte das Wirken der Macht Gottes. Als eine ungebildete Einwanderin aufstand und in gebrochenem Englisch ihr kurzes Gebet stammelte, sagten wir alle inbrünstig: »Amen!« Wir fühlten, dass Gott ihre Bitten gehört hatte. Spurgeon sagte: »Nicht auf die Länge unserer Gebete, sondern auf die Stärke unserer Gebete kommt es an.«

Salomos dritte Ermahnung befasste sich mit dem *Ablegen von Gelübden vor Gott* (V. 3-6). Gott forderte von seinem Volk nicht, Gelübde abzulegen, um von ihm angenommen zu werden, aber die Israeliten hatten Gelegenheit, ihrer Hingabe Ausdruck zu verleihen, wenn ihnen danach war (siehe 4Mo 30, 5Mo 23,22-24; Apg 18,18).

Der Prediger warnte vor zwei Sünden. Die erste bestand darin, das Gelübde abzulegen ohne die Absicht, es zu halten; in anderen Worten: Gott zu belügen. Die zweite Sünde war das Ablegen des Gelübdes gefolgt von dem Hinauszögern des Umsetzens in der Hoffnung, aus der Sache wieder herauszukommen. Wenn der Priester (*»Bote«*) kam, um das versprochene Opfer oder Geschenk abzuholen, sagte die Person: »Bitte, vergiss' mein Gelübde! Es war ein Versehen!«

Gott hört, was wir sagen und nimmt unsere Versprechen ernst, es sei denn, dass sie so töricht sind, dass er sie einfach abtut. Wenn uns die Vorsehung davon abhält, unser Versprechen zu halten, versteht Gott das und entlässt uns aus der Verantwortung. Wenn wir jedoch unsere Gelübde nur ablegen, um andere Menschen zu beeindrucken oder vielleicht auch, um den Herrn zu »erpressen« (»Wenn Gott mein Gebet erhört, werde ich 500 Euro an Missionsgesellschaften spenden!«), dann werden wir für unsere achtlosen Worte bezahlen. In meiner Arbeit als Pastor habe ich oftmals erlebt, dass Kranke Gott um Heilung baten und ihm im Gegenzug Dinge versprachen, nur um diese Versprechen wieder zu vergessen, nachdem sie wieder gesund geworden waren.

Menschen geben leere Versprechen, weil sie in einer religiösen »Traumwelt« leben; sie denken, dass *Worte* das Gleiche sind wie *Taten* (V. 6). Ihre Anbetung ist nicht ernsthaft, und deshalb sind ihre Worte nicht zuverlässig. Sie genießen »das gute Gefühl«, das sie überkommt, wenn sie Gott Dinge versprechen, aber sie tun sich selbst mehr Böses als Gutes. Sie »träumen« davon, ihre Versprechen einzuhalten, aber sie kommen einfach nicht dazu. Sie praktizieren eine Scheinreligion, die weder Gott verherrlicht noch die christliche Persönlichkeit aufbaut.

»Ich will eingehen in dein Haus mit Brandopfern, will dir erfüllen meine Gelübde, zu denen sich meine Lippen aufgetan haben und die mein Mund ausgesprochen hat in meiner Not« (Ps 66,13-14). Wenn wir den Herrn der Anbetung und der Verehrung berauben, die wir ihm schuldig sind, berauben wir uns auch selbst der geistlichen Segnungen, die er jenen schenkt, die ihn *»in Geist und Wahrheit anbeten«* (Joh 4,24).

2. Beraube nicht andere Menschen (Pred 5,7-8)

Salomo verließ den Tempel und ging zum Rathaus, wo er erneut erlebte, wie korrupte Politiker die Armen unterdrückten (3,16-17; 4,1-3). Die Regierungsvertreter brachen das Gesetz, indem sie ihre Macht benutzten, um sich selbst voranzubringen, statt anderen zu dienen; eine Praxis, die schon von Mose verurteilt wurde (3Mo 19,15; 5Mo 24,17).

Es ist bemerkenswert, dass Salomo schrieb: »*Wundere dich nicht über die Sache.*« Er stimmte diesen gesetzlosen Praktiken gewiss nicht zu, aber er wusste zu viel über das menschliche Herz, um von der komplizierten Bürokratie in Israel etwas anderes zu erwarten: »*Ein Hoher wacht über dem anderen Hohen, und Hohe über ihnen beiden.*« Wahrscheinlich war es damals auch so, dass die Sache der Armen in endloser Korrespondenz und Bürokratie verloren gingen, und die unterschiedlichen Amtsinhaber stecken sich das Geld, dass der unschuldige Arme hätte erhalten sollen, in die eigenen Taschen.

Vers 8 ist schwierig, und die großen Übersetzungen sind sich dabei uneins. Der Grundgedanke scheint zu sein, dass es trotz der Korruption in der Bürokratie besser ist, eine organisierte Regierung und einen König zu haben, der über das Land herrscht, als Anarchie. Einige unehrliche Menschen mögen von korrupten Praktiken profitieren, doch *jedermann* profitiert von organisierter Autorität. Natürlich ist das Ideal eine Regierung, die sowohl ehrlich als auch effizient ist, aber da das Herz des Menschen so ist, wie es ist, besteht immer die Versuchung, sich unehrlich zu bereichern. Lord Acton schrieb 1887 an Bischof Mandell Creighton: »Die Macht lässt einen zur Korruption neigen; absolute Macht korrumpiert absolut.« Salomos Untersuchung bestätigt dies.

3. Beraube dich nicht selbst (Pred 5,9-19)

Salomo hatte in Kapitel 2,1-11 bereits die »Nichtigkeit des Reichtums« diskutiert, und einige dieser Gedanken werden hier wiederholt. In diesem Abschnitt räumte er mit einigen Mythen auf, die in Bezug auf Reichtum existieren. Weil die Menschen an diesen Illusionen festhalten, berauben sie sich der Segnungen, die Gott für sie hat.

Reichtum bringt Zufriedenheit (V. 9). Manche Menschen behandeln Geld wie einen Gott. Sie lieben es, bringen dafür Opfer und denken, dass es alles bewirken kann. Ihr Kopf ist voller Gedanken darüber; ihr Leben ist beherrscht davon, es zu bekommen und zu bewachen, und wenn sie es haben, erleben sie ein starkes Gefühl der Sicherheit. Was der Glaube an den Herrn für den Christen bewirkt, bewirkt für viele Ungläubige das Geld. Wie oft hören wir Leute sagen: »Nun, Geld mag nicht die Nummer eins im Leben sein, aber es liegt noch weit vor allem, was Nummer zwei sein mag!«

Ein Mensch, der das Geld liebt, kann, ganz egal, wie hoch sein Kontostand ist, niemals zufrieden sein – weil das menschliche Herz so gemacht ist, dass es nur durch Gott zufrieden werden kann (3,11). *»Seht zu und hütet euch vor aller Habsucht!«*, warnte Jesus. *»Denn auch wenn jemand Überfluss hat, besteht sein Leben nicht aus seiner Habe«* (Lk 12,15). Zuerst liebt der Mensch das Geld, und dann liebt er *mehr* Geld, und schon hat das enttäuschende Streben begonnen, das zu den verschiedensten Problemen führen kann. *»Denn eine Wurzel alles Bösen ist die Geldliebe …«* (1Tim 6,10).

Geld löst jedes Problem (V. 10). Man muss einfach der Tatsache ins Auge sehen, dass wir eine gewisse Menge Geld benötigen, um in dieser Welt zu leben; Geld *an sich* ist jedoch nicht das magische »Allheilmittel« für jedes Problem. Tatsächlich bringt eine Steigerung des Reichtums üblicherweise neue Probleme mit sich, von deren Vorhandensein wir zuvor nichts geahnt haben. Salomo gibt ein Beispiel: Verwandte und Freunde kommen und genießen unsere Gastfreundschaft. Und wir können lediglich danebenstehen und zusehen, wie sie unseren Reichtum aufzehren. Möglicherweise erhalten wir auch Besuch von der Steuerprüfung, die feststellt, dass wir der Regierung noch mehr Geld schulden.

John Wesley, Mitbegründer der Methodistenkirche, sagte zu seinen Leuten: »Verdient, so viel ihr könnt; spart, so viel ihr könnt; spendet, so viel ihr könnt.« Wesley selbst hätte ein äußerst wohlhabender Mann sein können, aber er zog es vor, einfach zu leben und großzügig zu geben.

Reichtum schenkt inneren Frieden (V. 11). Der verstorbene Joe Louis, Boxweltmeister im Schwergewicht, pflegte zu sagen: »Eigentlich mag ich Geld nicht, aber es beruhigt meine Nerven.« Salomo sagt jedoch, dass der Besitz von Reichtum keine Garantie dafür ist, dass Ihre Nerven ruhig und Ihr Schlaf sanft sein werden. Er behauptet, dass der Arbeiter süßer schläft als der Reiche. Dies klingt, als ob der Reiche zu viel gegessen hätte und wegen seines überfüllten Magens die ganze Nacht wachliegt. Doch gewiss dachte Salomo dabei an Tiefsinnigeres.

Schon so mancher Pastor hat in seinen Predigten John D. Rockefeller als Beispiel eines Mannes angeführt, dessen Lebern durch Reichtum fast zerstört wurde. Im Alter von 53 Jahren war Rockefeller der einzige Milliardär in der ganzen Welt und verdiente eine Million Dollar pro Woche. Doch er war ein kranker Mann, der sich von Crackers und Milch ernährte und wegen seiner Sorgen nicht schlafen konnte. Als er anfing, sein Geld zu verschenken, verbesserte sich sein Gesundheitszustand radikal und er wurde achtundneunzig Jahre alt!

Ja, es ist gut, Dinge zu haben, die man mit Geld kaufen kann, vorausgesetzt, man verliert nicht die Dinge, die man mit Geld nicht kaufen kann.

Reichtum schenkt Sicherheit (V. 12-16). Zwei Männer werden hier als Beispiele herangezogen. Einer hortete seinen ganzen Reichtum und zerstörte sich selbst, indem er zum Geizhals wurde. Der andere Mann investierte unglücklich und verlor seinen Reichtum. Er stand finanziell wieder ganz am Anfang und konnte seinem Sohn kein Eigentum hinterlassen. Den Rest seiner Tag verbrachte er in der Dunkelheit der Mutlosigkeit und der Niederlage und konnte das Leben nicht genießen. Ebenso wie wir alle brachte er bei seiner Geburt nichts mit in diese Welt hinein, und bei seinem Tod nahm er aus dieser Welt nichts mit sich hinaus (siehe Hi 1,21; Ps 49,17-18; 1Tim 6,7).

Diese Erzählung erinnert uns an das Gleichnis unseres Herrn vom reichen Toren (Lk 12,13-21). Als er reich wurde, dachte dieser Mann, dass alle seine Probleme gelöst wären, doch sofort musste er sich mit dem Bau größerer Scheunen für seinen Reichtum auseinander setzen. Er dachte, dass er für die Zukunft abgesichert wäre, aber er starb noch in derselben Nacht! Sein Geld schenkte ihm keinerlei Sicherheit.

Achten Sie darauf, dass Salomo weder für Armut noch für Reichtum eintrat, weil beides seine Probleme mit sich bringt (Spr 30,7-9). Der Prediger warnte seine Zuhörer vor der Liebe zum Geld und den Selbsttäuschungen, die Reichtum mit sich bringen kann. In den abschließenden Versen dieses Kapitels (V. 17-19) betonte er nochmals, wie wichtig es ist, dass wir unseren Platz im Leben akzeptieren und die Segnungen genießen, die Gott uns schenkt.

Er hat als *»gut, … als schön ersehen«* (V. 17), dass man treu arbeitet, die guten Dinge des Lebens genießt und alles als gnädige Gabe Gottes entgegennimmt. Salomo gab uns diesen weisen Rat schon zuvor in Kapitel 2,24; 3,12-13 und 3,22, und er wird ihn noch mindestens drei weitere Male wiederholen, bevor er seine »Predigt« beschließt.

Es gibt drei Wege zum Reichtum: Wir können dafür arbeiten, wir können ihn stehlen oder ihn als Geschenk empfangen (siehe Eph 4,28). Salomo sah die Segnungen des Lebens als Geschenk Gottes an jene, die arbeiten und diese Arbeit als die Gefälligkeit Gottes annehmen. *»Auch jeder Mensch, dem Gott Reichtum und Güter gegeben und den er ermächtigt hat, davon zu genießen und sein Teil zu nehmen und sich bei seiner Mühe zu freuen – das ist eine Gabe Gottes«* (V. 18).

Salomo fügte einen weiteren wichtigen Gedanken hinzu: Die Fähigkeit, die Segnungen des Lebens *zu genießen*, ist ebenfalls ein Geschenk Gottes. Im nächsten Kapitel wird Salomo diesen Gedanken vertiefen und auf das Unglück von Menschen eingehen, die Reichtum besitzen, aber nicht in der Lage sind, ihn zu genießen. Wir danken Gott für Essen, aber wir sollten ihm auch für gesunde Geschmacksnerven und ein funktionierendes Verdauungssystem danken. Ein wohlhabender Freund, der nun im Himmel ist, führte meine Frau und mich häufig in teure Restaurants aus, aber er konnte das Essen nicht genießen, denn er konnte die Speisen nicht schmecken. All sein Reichtum konnte ihm nicht die Heilung seiner Geschmacksnerven erkaufen.

Vers 19 mag bedeuten, dass ein Mensch, der sich über Gottes tägliche Segnungen freut, niemals Bedauern verspüren wird. *»Denn er denkt nicht viel an die Tage seines Lebens, weil Gott ihn mit der Freude* *seines Herzens beschäftigt«* (V. 19). *Jetzt* ist der Zeitpunkt, mit dem Sammeln fröhlicher Erinnerungen zu beginnen. *»So lehre uns denn zählen unsere Tage, damit wir ein weises Herz erlangen!«* (Ps 90,12)

Der Vers mag auch bedeuten, dass der Gläubige, der heute Gottes Gaben dankbar annimmt, sich nicht damit quält und sich darum sorgt, wie lange er leben wird. Es ist eine wohlbekannte Tatsache, dass die Leute, welche die meisten Geburtstage feiern, am längsten leben, aber wenn sie sich ständig darüber beschweren, dass sie »alt werden«, werden sie nur sehr wenig Freude daran haben. Menschen, die Gott dankbar sind, werden sich nicht übermäßig mit den vergangenen Jahren beschäftigen. Sie nehmen jeden Tag, wie er kommt und nutzen ihn, um dem Herrn zu dienen.

In Kapitel 6 wird Salomo seine Diskussion der »Nichtigkeit des Reichtums« abschließen. Er hätte gut Matthäus 6,33 als Text für seine Botschaft wählen können: *»Trachtet aber zuerst nach dem Reich Gottes und nach seiner Gerechtigkeit! Und dies alles wird euch hinzugefügt werden.«* Das Wichtigste ist, dass wir den Herrn lieben, das Los annehmen, das er uns zugeteilt hat und die Segnungen genießen, die er gnädig schenkt.

Wenn wir uns mehr auf die Geschenke als auf den Schenkenden konzentrieren, machen wir uns des Götzendienstes schuldig. Wenn wir seine Gaben annehmen, uns aber darüber beschweren, machen wir uns des Undanks schuldig. Wenn wir seine Gaben horten und sie nicht mit anderen Menschen teilen, machen wir uns der Genusssucht schuldig. Wenn wir uns jedoch seinem Willen beugen und das, was er uns schenkt, zu seiner Ehre nutzen, können wir das Leben genießen und zufrieden sein.

SIEBEN

Prediger 6

Ist das Leben eine Sackgasse?

Es ist interessant, auf welch unterschiedliche Weise die Menschen *Nichtigkeit* ausdrücken. Salomo verglich die Nichtigkeit des Lebens mit einer Seifenblase (*»Nichtigkeit der Nichtigkeiten«*) und mit dem *»Haschen nach Wind«*. Ich habe Formulierungen gelesen wie: »So nichtig wie das Gießen eines Zaunpfostens.« »So nichtig wie das Pflügen von Steinen.« »So nichtig, wie einem toten Pferd Lieder vorzusingen« (oder »einem Tauben zweimal vorzusingen«). »So nichtig wie das Zerstampfen von Wasser mit einem Mörser« (oder »wie das Tragen von Wasser in einem Sieb«).

In seinem Gedicht *The Task* beschrieb der Liederdichter William Cowper Nichtigkeit auf die folgende Weise:

> Eimer in leere Brunnen hinablassen
> und über dem Heraufziehen leerer Eimer alt werden.

Ist das Leben so sinnlos? Manchmal scheint es so, insbesondere, wenn wir unsere Ziele nicht erreichen oder wenn wir sie erreichen, aber in unserer Leistung keine Erfüllung finden. So manche biblische Persönlichkeit wurde so vom Leben entmutigt, dass sie entweder sterben wollte oder wünschte, sie wäre niemals geboren worden. Dies umfasst Mose (4Mo 11,15), Elia (1Kö 19,4), Hiob (3,21; 7,15), Jeremia (8,3; 15,10) und Jona (4,3). Sogar der große Apostel Paulus verzweifelte während einer besonders schweren Phase am Leben (2Kor 1,8-11).

Vielleicht besteht das grundlegende Problem darin, dass uns das Leben mit zu vielen Mysterien konfrontiert, die wir nicht fassen können, und mit zu vielen Rätseln, die wir nicht lösen können. Um wahrhaft befriedigend zu sein, muss das Leben einen Sinn ergeben. Wenn es keinen Sinn ergibt, werden wir frustriert. Wenn Menschen keinen Sinn im Leben sehen, insbesondere wenn sie schweres Leid erfahren, beginnen sie, Gott infrage zu stellen, und bezweifeln sogar, dass das Leben lebenswert ist.

In Prediger 6 diskutierte Salomo drei Geheimnisse des Lebens: Reichtümer ohne Genuss (V. 1-6), Mühen ohne Zufriedenheit (V. 7-9) und Fragen ohne Antworten (V. 10-12).

1. Reichtümer ohne Genuss (Pred 6,1-6)

Was für eine scheinbare Tragödie ist es doch, alle Zutaten für ein zufriedenstellendes Leben zur Verfügung zu haben und doch aus irgendeinem Grund nicht in der Lage zu sein, sie zu genießen. So mancher hat schwer gearbeitet und sich auf ein angenehmes Rentnerdasein gefreut, nur um einen Herzinfarkt zu erleiden und dadurch entweder zum Pflegefall zu werden oder die Statistik zu bereichern. Vielleicht wird das friedliche Rentnerdasein auch durch eine Krise in der Familie zerstört, die sowohl die Finanzen als auch die Kraft aufzehrt. Warum geschehen diese Dinge?

Salomo erwähnte dieses Thema in 5,18 und bezog sich in Kapitel 3,13 darauf. Für ihn war es ein Grundprinzip, dass niemand die Gaben Gottes wahrhaft genießen kann, wenn er getrennt ist von dem Gott, der sie geschenkt hat. Die Gaben ohne den Geber zu genießen, ist Götzendienst, und dies kann das menschliche Herz niemals zufriedenstellen. Genuss ohne Gott ist lediglich Unterhaltung und befriedigt nicht. Genuss mit Gott ist jedoch Bereicherung und bringt wahre Freude und Zufriedenheit.

Vers 2 mag eine hypothetische Situation beschreiben, oder vielleicht ist dies auch die Erfahrung von jemandem, den Salomo kannte. Aufgrund der Tatsache, dass Gott Salomo Reichtum, Güter und Ehre geschenkt hatte, bedeutete ihm die Erzählung nur umso mehr. Wie glücklich wäre ein Mensch, dem es an nichts fehlen würde, aber wie unglücklich, wenn er die Segnungen des Lebens nicht genießen könnte.

Was könnte diese Person davon abhalten, das Leben zu genießen? Vielleicht Ärger innerhalb der Familie (Spr 15,16-17; 17,1), Krankheit oder sogar der Tod (Lk 12,20). Die Person, von der in Vers 2 die Rede ist, hatte keinen Erben, und so erhielt ein Fremder den Besitz und genoss ihn. Dies alles scheint so nichtig.

Was will uns Salomo sagen? »Genieße die Segnungen Gottes *jetzt*, und danke ihm für jede einzelne.« *Plane* nicht zu leben, sondern beginne jetzt damit. Sei zufrieden mit dem, was er dir schenkt, und nutze es zu seiner Ehre.

Die Verse 3-6 beschäftigen sich offensichtlich mit einem hypothetischen Fall, denn niemand lebt zweitausend Jahre lang, und aus keiner monogamen Ehe gehen hundert Kinder hervor. (Salomos Sohn Rehabeam hatte achtundachtzig Kinder, aber er hatte auch achtzehn Frauen und sechzig Nebenfrauen – wie der Vater, so der Sohn. Siehe 2. Chronik 11,21.) Ganz offensichtlich übertrieb der Prediger an dieser Stelle, um seinen Standpunkt deutlich zu machen: Ganz gleich, wie viel man besitzt – wenn man nicht die Kraft hat, es zu genießen, wäre man besser niemals geboren worden.

Wir lesen von einem Mann mit viel Besitz und einer großen Familie; beides war für einen Israeliten des Alten Testaments ein Zeichen für Gottes besondere Zuneigung. Aber seine Familie liebte ihn nicht, denn als er starb, wurde er nicht betrauert. Das ist die Bedeutung der Formulierung *»ihm wird kein Begräbnis zuteil«* (siehe Jer 22,18-19). Seine Verwandten blieben nur bei ihm, um von seinem Geld zu profitieren (Pred 5,11), und fragten sich, wann der alte Mann endlich sterben würde. Und als er schließlich tatsächlich verstarb, konnten seine hinterbliebenen Verwandten die Testamentseröffnung kaum erwarten.

Der reiche Mann war tatsächlich arm. Aus irgendeinem Grund, vielleicht wegen einer Krankheit, konnte er sein Geld nicht genießen. Und er konnte auch seine große Familie nicht genießen, weil in seinem Heim keine Liebe herrschte. Sie weinten noch nicht einmal, als er starb. Salomo kam zu dem Schluss, dass es für diesen Mann besser gewesen wäre, wenn er niemals geboren oder eine Fehlgeburt gewesen wäre (siehe Hiob 3).

Bei den Israeliten jener Zeit wurde einem totgeborenen Kind nicht immer ein Name gegeben. Auf diese Weise würde man sich nicht an das Kind erinnern. Man ging davon aus, dass dies den Eltern helfen würde, viel schneller über ihre Trauer hinwegzukommen. *»Denn in Nichtigkeit kommt sie* [die Fehlgeburt], *und in Finsternis geht sie dahin, und mit Finsternis wird ihr Name bedeckt«* (V. 4). In meiner Dienstzeit als Pastor haben mich Eltern und Großeltern mit gebrochenen Herzen manchmal gefragt: »Warum hat Gott es zugelassen, dass dieses Kind empfangen wurde, wenn es nicht leben durfte?« Salomo fragte: »Warum ließ Gott es zu, dass dieser Mann Reichtum und eine große Familie hatte, wenn er es nicht genießen konnte?«

So mancher würde dagegenhalten, dass eine Existenz besser ist, als gar nicht zu existieren, und ein schwieriges Leben besser als gar keines. Salomo würde dem möglicherweise zustimmen, denn *»selbst ein lebendiger Hund ist besser daran als ein toter Löwe«* (9,4). Doch das Problem, dem sich Salomo gegenübersah, war nicht die Frage, ob das Dasein besser ist als das Nicht-Dasein, sondern ob es einen Sinn hinter dem gesamten, scheinbar unausgeglichenen Muster der Dinge gibt. Als er das *»Leben unter der Sonne«* überprüfte, konnte er keinen Grund dafür finden, warum einem Menschen zwar Reichtum gegeben ist, ihm aber gleichzeitig die Macht nicht zukommt, diesen zu genießen.

Die Fähigkeit, das Leben zu genießen, kommt von innen. Sie ist eine Frage der Persönlichkeit und nicht der Umstände. *»Ich habe gelernt, mich darin zu begnügen, worin ich bin«*, schrieb Paulus an die Philipper (Phil 4,11). Das griechische Wort *autarkes*, übersetzt mit »sich begnügen«, bedeutet »mit sich zufrieden sein, genügsam sein, nichts von außen benötigen«. Paulus trug in sich alle Ressourcen, die er brauchte, um das Leben mutig zu meistern und über Schwierigkeiten zu triumphieren. *»Alles vermag ich in dem, der mich kräftigt«* (Phil 4,13).

Der zweitausend Jahre alte Mann und die Fehlgeburt endeten beide am selben Ort – im Grab. Wieder einmal konfrontierte der Prediger seine Zuhörer mit der Gewissheit des Todes und der Nichtigkeit des Lebens ohne Gott. Er bereitete sie vor auf *»die Summe aller Leh-*

re«, den Abschluss der Predigt mit der Ermutigung, auf Gott zu vertrauen (11,9–12,14).

2. Mühen ohne Zufriedenheit (Pred 6,7-9)

Salomo hatte über den reichen Mann gesprochen; nun diskutiert er die Situation des armen Mannes. Reich und Arm mühen sich beide, um am Leben zu bleiben. Wir müssen entweder Essen produzieren oder Geld verdienen, um es zu kaufen. Der reiche Mann kann sein Geld für sich arbeiten lassen, aber der arme Mann muss seine Muskeln einsetzen, damit er und seine Familie essen können. Doch auch nach allem Mühen ist der Appetit von beiden nicht vollständig gestillt.

Warum isst ein Mensch? Damit er seinem Leben weitere Jahre hinzufügen kann. Aber was habe ich davon, meinem Leben Jahre hinzuzufügen, *wenn ich meinen Jahren kein Leben hinzufüge*? Ich bin wie die Vögel, die ich im Garten hinter meinem Haus beobachte. Sie verbringen alle ihre wachen Stunden damit, entweder nach Essen zu suchen oder vor Feinden zu flüchten. (Wie haben Katzen in unserer Nachbarschaft.) Diese Vögel *leben* nicht wirklich; sie existieren lediglich. Dennoch erfüllen sie den Zweck, zu dem der Schöpfer sie gemacht hat – und sie singen sogar davon!

Salomo will nicht sagen, dass es falsch ist, zu essen oder zu arbeiten. Viele Menschen genießen beides. Aber wenn das Leben *nur* aus Arbeiten und Essen besteht, werden wir durch unseren Appetit beherrscht und stehen dadurch auf derselben Stufe wie Tiere. Für die Natur mag Selbsterhaltung das erste Gesetz des Lebens sein, aber wir, die wir nach dem Bild Gottes geschaffen sind, sollten für etwas Höheres leben (Joh 12,20-28). In der neuen Schöpfung (2Kor 5,17) wird Selbsterhaltung wohl das erste Gesetz des Todes sein (Mk 8,34-38).

Beide Fragen in Vers 8 werden negativ beantwortet. Wenn man nur lebt, um seinen Appetit zu befriedigen, hat der Weise keinen Vorzug vor dem Toren, und der Arme hat keinen Nutzen von dem

Versuch, seine Situation zu verbessern und mit dem Reichen auszukommen. Salomo setzt weder Bildung noch das Streben nach Weiterkommen herab. Er sagt lediglich, dass diese Dinge an sich das Leben nicht bereichern können. Wir müssen etwas Größeres haben, für das wir leben.

Vor einem Jahrhundert, als sich in den Vereinigten Staaten der Wohlstand ausbreitete, warnte der amerikanische Naturwissenschaftler Henry David Thoreau, dass die Menschen »verbesserte Mittel für nicht verbesserte Ziele« ersannen. Er sollte unsere heutige Welt sehen! Innerhalb von Sekunden können wir Botschaften um die ganz Welt schicken, aber haben wir etwas Bemerkenswertes zu sagen? Wir können sogar Bilder vom Mond übermitteln, aber unsere Fernsehbildschirme sind beschmutzt mit Gewalt, Sex, billiger Werbung und noch billigerer Unterhaltung.

Vers 9 ist Salomos Variante des bekannten Satzes »Besser der Spatz in der Hand als die Taube auf dem Dach.« Dieses Sprichwort ist schon alt. Der griechische Biograph Plutarch (46-120 n.Chr.) schrieb: »Der ist ein Tor, welcher einen Vogel in der Hand für einen Vogel im Busch aufgibt.« Salomo sagt: »Es ist besser, wenig zu haben und es wirklich zu genießen, als von viel zu träumen und es niemals zu bekommen.« Wenn wir nicht mit der Realität klarkommen, können Träume zu Alpträumen werden.

Sagt uns Salomo, dass es verkehrt ist, große Träume zu haben oder den brennenden Ehrgeiz, etwas im Leben zu erreichen? Natürlich nicht, aber wir müssen darauf achten, dass unser Ehrgeiz durch die Ehre Gottes und nicht durch das Lob von Menschen motiviert ist. Wir sollen den Wunsch haben, anderen zu dienen, statt uns selbst voranzubringen. Wenn wir annehmen, dass unsere Leistungen automatisch Zufriedenheit mit sich bringen, liegen wir falsch. Wahre Zufriedenheit kommt, wenn man *»den Willen Gottes von Herzen tut«* (Eph 6,6). *»Meine Speise«*, sagt Jesus, *»ist, dass ich den Willen dessen tue, der mich gesandt hat, und sein Werk vollbringe«* (Joh 4,34).

Ja, nach dem Willen Gottes kann es Reichtum mit Genuss und Mühen mit Zufriedenheit geben. Wir müssen jedoch seinen Plan für unser Leben akzeptieren, seine Gaben dankbar entgegennehmen und jeden Tag so genießen, wie er uns befähigt. »*Du wirst mir kundtun den Weg des Lebens; Fülle von Freuden ist vor deinem Angesicht, Lieblichkeiten in deiner Rechten immerdar*« (Ps 16,11).

3. Fragen ohne Antworten (Pred 6,10-12)

Bisher hat Salomo gesagt, dass das Leben eine Sackgasse für zwei Arten von Menschen ist: für jene, die Reichtümer haben, ohne sie zu genießen; und für jene, die sich mühen, ohne zufrieden zu sein. Er hat jedoch versucht hervorzuheben, dass wahres Glück nicht das automatische Ergebnis eines guten Lebenswandels ist; es ist die gesegnete Nebenwirkung des Bemühens um eine gute Lebensführung. Wenn Sie Ihr Leben einzig dem Streben nach Glück widmen, werden Sie unglücklich werden; wenn Sie jedoch Ihr Leben dem Tun von Gottes Willen widmen, werden Sie auch das Glück finden.

Joseph Addison, britischer Dichter und Verfasser von Kurzgeschichten (1672-1718), schrieb: »Die großen Voraussetzungen zum Glücklichsein in diesem Leben sind: etwas zu tun zu haben, etwas zum Lieben und etwas zum Hoffen zu haben.« Addison hatte wahrscheinlich nicht den christlichen Glauben im Sinn, als er dies schrieb, doch wir haben alle drei in Jesus Christus!

Der Prediger war noch nicht fertig. Er wusste, dass das Leben auch für eine dritte Art von Menschen eine Sackgasse ist – für die Menschen, die Antworten auf alle Fragen des Lebens verlangen. Salomo verurteilt nicht das ehrliche Forschen, denn das Buch Prediger ist der Bericht seines eigenen Forschens nach dem Sinn des Lebens. Salomo sagt stattdessen: »Es gibt einige Fragen in Bezug auf das Leben, die niemand beantworten kann. Unsere Unwissenheit sollte jedoch nicht als Entschuldigung für Skepsis oder Unglauben dienen. Stattdessen sollte uns unsere Unwissenheit ermutigen, an Gott zu glauben. Immerhin leben wir nicht von Erklärungen, sondern von Verheißungen.«

In meinem Dienst als Pastor habe ich die Erfahrung gemacht, dass die meisten Erklärungen weder persönliche Probleme lösen noch den Menschen dazu verhelfen, sich besser zu fühlen. Wenn der Arzt einem Patienten eine Röntgenuntersuchung erklärt, bringt seine Erklärung keine Heilung, obwohl es gewiss ein wichtiger Schritt zur Gesundung ist. Der leidende Hiob haderte mit Gott und verlangte eine Erklärung für seine Misere. Gott beantwortete seine Fragen niemals, weil das Wissen im Kopf keine Heilung für das Herz garantiert. Die kommt erst, wenn wir auf die Versprechen Gottes vertrauen.

Ohne in Einzelheiten zu gehen, rührt Salomo in den Versen 10-12 an fünf Fragen, die oft von Menschen gestellt werden.

Wenn sowieso »sein wird, was sein wird«, warum sollte man da noch Entscheidungen treffen? Ist dann nicht schon alles vorherbestimmt? *»Was geschieht, schon längst ist sein Name genannt, und bekannt ist, was ein Mensch sein wird«* (V. 10a). Im jüdischen Denken ist das Vergeben eines Namens dasselbe wie die Festlegung des Charakters und der eigentlichen Bedeutung. Zur Zeit der Schöpfung benannte Gott die Dinge, die er schuf, und niemand änderte diese Bezeichnungen. »Licht« ist »Licht« und nicht »Finsternis«, »Tag« ist »Tag« und nicht »Nacht«. (Siehe Jes 5,20.)

Unser Name ist »Mensch« – Adam, *»vom Erdboden«* (1Mo 2,7). Niemand kann das ändern; wir kamen vom Erdboden und werden wieder zum Erdboden zurückkehren (1Mo 3,19): Der »Mensch« wäre auch mit einem anderen Namen immer noch »Mensch«, aus Staub gemacht und schließlich zum Staub zurückkehrend.

Die Tatsache, dass Gott allem einen Namen gegeben hat, bedeutet nicht, dass unsere Welt ein Gefängnis ist und wir keine Handlungsfreiheit haben. Gewiss kann Gott seine göttlichen Ziele sowohl mit unserer Unterstützung als auch ohne sie verwirklichen, aber er lädt uns ein, mit ihm zusammenzuarbeiten. Wir tun dies, indem wir die »Namen« akzeptieren, die er den Dingen gegeben hat: Sünde ist Sünde, Gehorsam ist Gehorsam, Wahrheit ist Wahrheit. Wenn wir diese Namen ändern, bewegen wir uns in eine Welt der Illusion hinein und verlieren den Sinn für die Realität. Viele Menschen leben heute dort.

Uns steht es frei, zu entscheiden und unsere Welt zu wählen, *aber es steht uns nicht frei, die Folgen zu ändern.* Wenn wir eine Welt der

Illusion wählen, beginnen wir, von Ersatz zu leben; und in einer Welt der Ersatzdinge kann es keine Zufriedenheit geben. *»Dies aber ist das ewige Leben, dass sie dich, den allein wahren Gott, und den du gesandt hast, Jesus Christus, erkennen«* (Joh 17,3). *»Wir wissen aber, dass der Sohn Gottes gekommen ist und uns Verständnis gegeben hat, damit wir den Wahrhaftigen erkennen; und wir sind in dem Wahrhaftigen, in seinem Sohn Jesus Christus. Dieser ist der wahrhaftige Gott und das ewige Leben«* (1Jo 5,20).

Warum mit Gott rechten? Wir können uns ihm nicht widersetzen und gewinnen, oder etwa doch? … »Darum kann er nicht mit dem rechten, der stärker ist als er« (V. 10b). Das Wort, das hier mit »rechten« übersetzt wird, bedeutet auch »streiten«. Salomo scheint zu sagen: »Es zahlt sich einfach nicht aus, mit Gott zu streiten oder ihn zu bekämpfen. So ist das Leben eben, also nimm es hin und lass' Gott seinen Willen. Du kannst nicht gewinnen, und selbst wenn du glaubst, dass du gewinnst, verlierst du letztlich doch.«

Dies ist jedoch ein negativer Blick auf den Willen Gottes. Man bekommt den Eindruck, dass Gottes Wille eine schwierige und schmerzhafte Sache sei, die man um jeden Preis meiden sollte. Jesus sagte, dass Gottes Wille die Speise war, die ihn nährte und zufriedenstellte (Joh 4,32-34). Der Wille Gottes kommt aus dem Herzen Gottes und ist ein Ausdruck der Liebe Gottes. (Siehe Ps 33,11.) Was Gott für uns möchte, ist für uns am besten, weil er weitaus mehr von uns weiß als wir selbst.

Warum würde jemand nur für das Privileg, »Freiheit« auszuleben, seinen »Kopf durchsetzen« wollen? Darauf zu bestehen, unseren Kopf, d.h. unseren eigenen Willen, durchzusetzen, ist ganz und gar nicht Freiheit, sondern die schlimmste Art der Knechtschaft. Tatsächlich würde die schrecklichste Strafe, die wir in diesem Leben erleiden könnten, darin bestehen, dass Gott »uns aufgibt« und uns unseren Kopf durchsetzen lässt (Röm 1,24.26.28).

Gott hat die Freiheit so zu handeln, wie er es für richtig hält. Er ist kein Gefangener seiner Eigenschaften, seiner Schöpfung oder seiner ewigen Ziele. Sie und ich mögen nicht verstehen, wie Gott seine Freiheit ausübt, aber es ist nicht notwendig, dass wir alles wissen.

Unsere größte Freiheit kommt, wenn wir uns liebend im Willen Gottes verlieren. Unser Vater im Himmel fühlt sich nicht bedroht, wenn wir ihn infrage stellen, mit ihm diskutieren oder sogar mit ihm ringen, solange wir seinen Willen lieben und ihm zu gefallen versuchen.

Was bewirken wir mit all diesen Worten? Löst es das Problem, wenn man darüber redet? (V. 11). Tatsächlich gibt es Zeiten, in denen es scheint, als ob wir ein Problem nur umso weniger verstehen, je mehr wir darüber sprechen. Worte bringen nicht immer Licht in die Sache; manchmal produzieren sie Wolken und sogar Dunkelheit. *»Denn da sind viele Worte, die die Nichtigkeit nur größer machen. – Welchen Nutzen hat der Mensch davon?«* (V. 11). An diesem Punkt benötigen wir jedoch das Wort Gottes und die Weisheit, die er allein uns schenken kann. Wenn auch manche Diskussionen nutzlos erscheinen und »Nichtigkeit« produzieren, so führen uns Diskussionen bei anderen Gelegenheiten näher zur Wahrheit und zum Herrn.

Wer weiß, was gut für uns ist? (V. 12). Gott weiß es! Und weise ist der Mensch, der sich die Zeit nimmt, um zu hören, was Gott zu sagen hat. Gewiss, das Leben mag so vergänglich und trügerisch erscheinen wie eine Seifenblase (»nichtig«) oder ein Schatten, *»wer aber den Willen Gottes tut, bleibt in Ewigkeit«* (1Jo 2,17).

Weiß irgendjemand, was als Nächstes kommt? (V. 12). Trotz allem, was Astrologen, Propheten und Wahrsager behaupten – niemand kennt die Zukunft außer Gott. Es ist nichtig zu spekulieren. Gott gibt uns genug Informationen, um uns zu ermutigen, aber er befriedigt keine oberflächliche Neugierde. Eines ist sicher: Der Tod kommt, und wir sollten unsere momentanen Möglichkeiten so gut wie möglich nutzen. Das ist eines der Hauptthemen im Buch Prediger.

Salomo hat zwei seiner Argumente dafür, dass das Leben nicht lebenswert ist, diskutiert: die Eintönigkeit des Lebens (3,1–5,6) und die Nichtigkeit des Reichtums (5,7–6,12). Er hat entdeckt, dass das Leben *»unter der Sonne«* tatsächlich eintönig und leer sein kann, aber das muss es nicht sein, wenn wir Gott in unser Leben aufnehmen. Das Leben ist Gottes Geschenk an uns, und wir müssen annehmen, was er uns schenkt, und es genießen, solange wir können (3,12-15.22; 5,17-19).

Als Nächstes wird sich Salomo mit seinem dritten Argument, der Nichtigkeit der Weisheit des Menschen (7,1–8,17), befassen und diskutieren, ob Weisheit das Leben in irgendeiner Weise verbessern kann oder nicht. Obwohl Weisheit nicht alle Probleme erklären oder alle Fragen beantworten kann, ist sie dennoch ein wertvoller Verbündeter auf der Reise des Lebens.

ACHT

Prediger 7

Wie es einem besser ergeht

»Wo Unwissenheit eine Tugend ist, gilt Verrücktheit als Weisheit.« Thomas Gray schrieb diese oft zitierten Worte in seinem Gedicht *Ode on a Distant Prospect of Eton College*. Er beschrieb die Schüler auf dem Spielfeld und im Klassenzimmer, die das Leben genossen, weil sie keine Ahnung hatten von dem, was vor ihnen lag.

> Ach! Ungeachtet ihres Geschickes
> spielen die kleinen Opfer!
> Sie haben keine Vorstellung von kommenden Übeln,
> und ihre Sorge geht nicht über den heutigen Tag hinaus.

Sein Schluss war logisch: In jenem Abschnitt des Lebens ist es besser, unwissend und glücklich zu sein, weil später noch genug Zeit sein wird, um die Leiden zu erfahren, die das Wissen bringen mag.

> Doch, ach! Warum sollten sie ihr Schicksal kennen?
> Wo doch Leid niemals zu spät kommt,
> und Glück nur allzu rasch verfliegt.
> Der Gedanke würde ihr Paradies zerstören.
> Halt' ein; wo Unwissenheit eine Tugend ist,
> gilt Verrücktheit als Weisheit.

Salomo war zu einem ähnlichen Schluss gekommen, als er in Kapitel 1,12-18 argumentierte, dass Weisheit das Leben nicht lebenswert mache. *»Denn wo viel Weisheit ist, ist viel Verdruss, und wer Erkenntnis mehrt, mehrt Kummer.«*

Doch dann warf der König einen zweiten Blick auf das Problem und änderte seine Meinung. In Prediger 7 und 8 diskutierte er die Wichtigkeit der Weisheit im Leben (»Weisheit« findet sich in diesen beiden Kapiteln ca. 14 Mal) und beantwortete außerdem die in Kapitel 6,12 gestellte Frage: *»Denn wer erkennt, was für den Menschen im Leben gut ist?«* Der Prediger schloss, dass Weisheit zwar nicht alle Mysterien des Lebens erklären, aber mindestens drei positive Beiträge zu unserem Leben leisten kann.

1. Weisheit kann das Leben besser machen (Pred 7,1-10)

»Besser« ist ein Schlüsselwort in diesem Kapitel; Salomo benutzte es ca. elf Mal. Seine Zuhörer müssen schockiert gewesen sein, als sie hörten, wie Salomo die »besseren Dinge« beschrieb, die in das Leben des Menschen treten, der Gottes Weisheit folgt.

Trauer ist besser als Freude (7,1-4). Wenn sie die Wahl hätten, würden die meisten Leute wohl lieber zu einer Geburtstagsfeier gehen als zu einer Beerdigung; Salomo gab jedoch den gegenteiligen Rat. Warum? Weil Leid mehr Gutes für das Herz tun kann als Lachen. (Das Wort »Herz« wird in diesen Versen vier Mal verwendet.) Salomo war gewiss kein verdrießlicher Mensch mit einer trübsinnigen Lebenseinstellung. Immerhin war es Salomo, der die Sprüche 15,13.15 und 17,22 schrieb – *und* das Hohelied! Lachen kann wie Medizin sein, die das gebrochene Herz heilt, doch Trauer kann wie nährende Speise sein, die das Innere des Menschen stärkt. Ein ausgeglichenes Leben erfordert beides, aber nur wenigen Menschen ist das bewusst. Es gibt eine *»Zeit fürs Lachen«* (Pred 3,4).

Lassen Sie uns beginnen mit Salomos bizarrer Feststellung, dass der Tag des Todes eines Menschen besser ist als der Tag seiner Geburt (V. 1). Diese Verallgemeinerung sollte nicht getrennt gesehen werden von seiner einleitenden Feststellung, dass der gute Ruf (Name) eines Menschen wie duftendes Salböl ist. (Dies ist ein Wortspiel: »Name« ist im Hebräischen *shem* und »Salböl« ist *shemen.*) Er benutzte das gleiche Bild in Kapitel 10,1 und auch im Hohenlied 1,3.

Weder stellte Salomo *Geburt* und *Tod* gegenüber, noch stellte er fest, dass es besser sei zu sterben als geboren zu werden, weil man nicht sterben kann, wenn man nicht zuerst geboren wurde. Er stellte zwei wichtige Tage im menschlichen Erleben gegenüber: den Tag, an dem ein Mensch seinen Namen erhält, und den Tag, an dem dieser Name in den Sterbeanzeigen auftaucht. Das zwischen diesen beiden Ereignissen gelebte Leben wird darüber entscheiden, ob dieser Name einen lieblichen Duft oder einen schlechten Geruch hinterlässt. »Sein Name stinkt!« ist eine unfeine Feststellung, aber sie fasst es exakt in Worte.

Wenn ein Mensch mit einem guten Namen stirbt, ist sein Ruf besiegelt und seine Familie braucht sich keine Sorgen zu machen. Aus dieser Sicht ist der Todestag eines Menschen besser als der Tag seiner Geburt. Das Leben ist vorüber und der Ruf ist gefestigt. (Salomo ging davon aus, dass es keine versteckten Skandale gab.) »Jeder Mensch hat drei Namen«, besagt ein altes Sprichwort, »einen, den er von seinem Vater und von seiner Mutter hat; einen, mit dem ihn andere anreden, und einen, den er sich selbst erwirbt.«

»Des Gerechten gedenkt man zum Segen, aber der Name der Gottlosen fault« (Spr 10,7, und siehe Spr 22,1). Maria von Bethanien salbte den Herrn Jesus mit teurem Salböl und der Duft erfüllte das Haus. Jesus sagte zu ihr, dass ihr Name in der ganzen Welt geehrt werden würde, und so geschah es. Andererseits verkaufte Judas den Herrn Jesus in die Hände des Feindes, und sein Name wird üblicherweise verabscheut (Mk 14,1-11). Als Judas geboren wurde, wurde ihm der gute Name *Judah* gegeben, was »Lob« bedeutet. Er gehörte dem königlichen Stamme Israels an. Als Judas starb, hatte er den ehrenwerten Namen in etwas Beschämendes verwandelt.

In den Versen 2-4 riet Salomo den Menschen, dem Tod ins Gesicht zu blicken und daraus zu lernen. Er sagte nicht, dass wir vom Tod beherrscht sein sollen – das könnte abnormal sein. Aber die Gefahr besteht, dass wir versuchen, Begegnungen mit der Realität des Todes zu vermeiden und in der Folge das Leben nicht so ernst nehmen, wie wir sollten. *»So lehre uns denn zählen unsere Tage, damit wir ein weises Herz erlangen«* (Ps 90,12).

Der Prediger konfrontiert uns nicht mit einer »Entweder/Oder«-Situation; er plädiert für den Ausgleich. Das hebräische Wort für

»Lachen« in Vers 3 kann auch »das Lachen des Spotts oder der Geringschätzung« bedeuten. Gesunder Humor hat sicher einen Platz im Leben, aber wir müssen uns vor dem frivolen Lachen schützen, das häufig *»im Haus der Freude«* (V. 4) zu hören ist. Wenn beispielsweise Menschen über den Tod spotten, ist das meistens der Beweis dafür, dass sie sich davor fürchten und nicht darauf vorbereitet sind, ihm gegenüberzutreten. Sie laufen davon.

Der verstorbene Dr. Ernest Becker schrieb in seinem Buch *The Denial of Death* (Titel der deutschen Ausgabe: Die Überwindung der Todesfurcht«), das mit dem Pulitzer-Preis ausgezeichnet wurde: »... der Gedanke des Todes, die Furcht davor, quält das menschliche Tier wie sonst nichts; sie ist eine Haupttriebfeder der menschlichen Aktivität – einer Aktivität, die in großen Teilen darauf gerichtet ist, die Schicksalhaftigkeit des Todes zu meiden, ihn zu überwinden, indem auf irgendeine Weise geleugnet wird, dass er das endgültige Schicksal des Menschen ist« (Free Press, 1975, S. IX). König Salomo kannte diese Wahrheit schon vor Jahrhunderten!

Tadel ist besser als Lob (7,5-6). König Salomo verglich das Lob der Toren mit brennenden Dornen in einem Lagerfeuer: Man hört viel Lärm, aber man erhält nichts dauerhaft Gutes. (Wiederum spielte Salomo mit den Worten. Im Hebräischen bedeutet »Singen« *shir*, »Kochtopf« heißt *sir*, und »Dornen« heißt *sirim.*) Wenn wir es zulassen, wird der Tadel eines weisen Menschen weitaus mehr in unserem Leben zustande bringen als das Schmeicheln der Toren. Salomo mag diese Wahrheit von seinem Vater gelernt haben (Ps 141,5), und er betonte sie ausdrücklich, als er das Buch der Sprüche schrieb (10,17; 12,1; 15,5; 17,10; 25,12; 27,5.17; 29,1.15).

Der britische Literaturgigant Samuel Johnson war einst zu Besuch im Haus des berühmten Schauspielers David Garrick, wo ein weiblicher »VIP« Johnson fortwährend mit Komplimenten überschüttete. »Hören Sie auf damit, ich flehe Sie an, meine Dame!«, antwortete er; doch wie es sein Biograph Boswell formulierte: »Sie trug weiterhin dick auf.« Schließlich brachte Johnson sie zum Schweigen, indem er sagte: »Meine Liebste, bedenken Sie bei sich, was Ihre Schmeicheleien wert sind, bevor Sie sie so freigiebig verteilen!«

Der »lange Weg« ist besser als die Abkürzung (7,7-9). Vorsicht vor »leichten« Routen, sie werden häufig zu teuren Umwegen, die schwierig und gefährlich sind. 1976 reisten meine Frau und ich mit dem Auto durch Schottland, und ein Freund zeigte uns auf der Karte eine »schnellere« Route von Balmoral Castle nach Inverness. Sie entpuppte sich jedoch als eine gefährliche einspurige Straße, die von den Einheimischen »Ellbogen des Teufels« genannt wurde, und unterwegs trafen wir auf einen Bus und auf einen Zementmischer! »Wachet und betet« war unser Vers für jenen Tag.

Mit Bestechung werden die Dinge scheinbar schnell geregelt (V. 7), doch sie verwandelt einen Weisen in einen Toren und ermutigt die Korruption, die bereits im menschlichen Herzen vorhanden ist. Es ist weitaus besser, geduldig und demütig darauf zu warten, dass Gott seinen Willen wirken lässt, als dass wir zornig werden und unseren Kopf durchsetzen (V. 8). Siehe auch Sprüche 14,17; 16,32 und Jakobus 1,19.

»Besser das Ende einer Sache als ihr Anfang« passt, wenn wir nach Gottes Weisheit leben. Der Anfang der Sünde führt zu einem schrecklichen Ende – dem Tod (Jak 1,13-15), doch wenn Gott am Anfang unseres Tuns steht, wird er dafür sorgen, dass wir das Ende erfolgreich erreichen (Phil 1,6; Hebr 12,2). Der gläubige Christ kann Römer 8,28 einfordern, weil er weiß, dass Gott in der Welt wirkt und seine Gedanken umsetzt.

Ein arabisches Sprichwort sagt: »Achte auf deine Anfänge.« Ein guter Anfang führt meistens auch zu einem guten Ende. Der Verlorene Sohn begann mit Frohsinn und Reichtum, doch er endete in Leiden und Armut (Lk 15,11-24). Josef begann als Sklave, doch er endete als Herrscher! Gott hebt *»den besten Wein«* stets bis zuletzt auf (Joh 2,10), doch der Satan beginnt mit seinem »Besten« und führt den Sünder dann in das Leiden und vielleicht sogar in den Tod.

Heute ist besser als gestern (7,10). Wenn das Leben schwierig ist und wir ungeduldig auf eine Veränderung warten, fällt es leicht, sich nach »der guten, alten Zeit« zu sehnen, als alles noch besser war. Als der Grundstein für den zweiten Tempel gelegt wurde, weinten die alten Männer »der guten, alten Zeit« nach und die jungen Männer jauchzten, weil die Arbeit begonnen hatte (Esr 3,12-13). Man sagt, dass »die gute, alte Zeit« die Kombination aus einem schlechten Gedächtnis und einer lebhaften Phantasie ist, und häufig trifft das auch zu.

Das Gestern ist Vergangenheit und kann nicht mehr geändert werden, und das Morgen kommt vielleicht gar nicht; deshalb sollen wir aus dem Heute das Beste machen. *»Carpe diem!«*, schrieb der römische Dichter Horaz: »Nutze den Tag!« Das bedeutet nicht, dass wir weder aus der Vergangenheit lernen noch uns auf die Zukunft vorbereiten sollen, denn beides ist wichtig. Es bedeutet jedoch, dass wir heute im Willen Gottes leben und uns nicht vom Gestern lähmen oder vom Morgen hypnotisieren lassen sollen. Der viktorianische Autor von Kurzgeschichten Hilaire Belloc schrieb: »Während du von der Zukunft träumst oder die Vergangenheit bereust, entschlüpft dir die Gegenwart, die alles ist, was du hast, und ist vergangen.«

2. Weisheit hilft uns, das Leben deutlich zu sehen (Pred 7,11-18)

Eines der Anzeichen für das Erwachsensein ist die Fähigkeit, das Leben aus der richtigen Perspektive zu betrachten und dabei nicht aus dem Gleichgewicht zu geraten. Wenn man Gottes Weisheit hat, ist man dazu fähig, die wechselnden Erfahrungen des Lebens anzunehmen und mit ihnen umzugehen.

Reichtum (7,11-12). Weisheit ist besser als ein großzügiges Erbe. Geld kann seinen Wert verlieren oder gestohlen werden, aber wahre Weisheit behält ihren Wert und kann nicht verloren gehen, außer wenn wir zu Toren werden und sie absichtlich aufgeben. Die Person, die reich ist, aber der es an Weisheit mangelt, wird ihr Vermögen verschwenden, aber die Person, die weise ist, weiß, wie man Reichtum erwirbt und einsetzt. Wir sollten dankbar sein für den reichen Schatz der Weisheit, den wir aus der Vergangenheit geerbt haben, und wir sollten uns dafür schämen, dass wir sie nur allzu oft ignorieren oder ihr ungehorsam sind. Weisheit ist eine Sicherheit für jene, die ihr gehorchen; sie bietet größeren Schutz als Geld.

Vorsehung (7,13). Der schlichte Prediger, der zu seinen Leuten sagte: »Lernt, mit dem Unvermeidlichen zusammenzuarbeiten!«, kannte die Bedeutung dieses Verses. Die englischsprachige *The Living Bible* interpretiert ihn wie folgt: »Sieh' das Wirken Gottes an, und füge dich ein. Kämpfe nicht gegen die Gegebenheiten an.« Dies ist kein Aufruf zu sklavischem Fatalismus; wie Prediger 1,15 ist es eine vernünftige Einladung zu einem Leben, das dem Willen Gottes unterworfen ist. Wenn Gott etwas gekrümmt hat, kann er es gerade machen, und vielleicht bittet er uns, ihm dabei zu helfen. Doch wenn er möchte, dass es gekrümmt bleibt, sollten wir besser nicht mit ihm streiten. Wir verstehen nicht vollständig alles, was Gott tut (11,5), aber wir wissen: *»Alles hat er schön gemacht zu seiner Zeit«* (3,11). Das umfasst auch die Dinge, die wir für verkrümmt und hässlich halten mögen.

Obwohl ich nicht in allem mit seiner Theologie konform gehe, schätze ich das »Gelassenheitsgebet«, das Reinhold Niebuhr 1934 verfasste. Eine Version davon wird weltweit von Menschen in unterschiedlichen Selbsthilfegruppen wie beispielsweise den Anonymen Alkoholikern genutzt, und sie passt zu der Lektion, die Salomo in Vers 13 lehrt:

»Oh Gott, gib' mir
die Gelassenheit, Dinge hinzunehmen, die ich nicht ändern kann,
den Mut, Dinge zu ändern, die ich ändern kann,
und die Weisheit, das eine vom anderen zu unterscheiden.«

Unglück und Glück (7,14). Weisheit gibt uns eine Perspektive, damit wir nicht entmutigt werden, wenn die Zeiten schwer sind, oder hochmütig, wenn alles gut läuft. Es bedarf einer starken Spiritualität, um in der Lage zu sein, Glück ebenso wie Unglück hinzunehmen, denn oftmals richtet das Glück den größeren Schaden an (Phil 4,10-13). Hiob erinnerte seine Ehefrau an diese Wahrheit, als sie ihm sagte, er solle Gott verfluchen und sterben: *»Das Gute nehmen wir von Gott an, da sollten wir das Böse nicht auch annehmen?«* (Hi 2,10). Vorher hatte Hiob gesagt: *»Der HERR hat gegeben, und der HERR hat genommen, der Name des HERRN sei gepriesen«* (Hi 1,21).

Gott macht unser Leben ausgeglichen, indem er uns genug Segnungen schenkt, damit wir glücklich bleiben, und genug Beschwernisse, damit wir demütig bleiben. Wenn wir nichts außer Segnungen in unseren Händen hielten, würden wir nach vorne kippen, deshalb gleicht der Herr die Segnungen in unseren Händen mit Beschwernissen auf unserem Rücken aus. Dadurch halten wir unser Gleichgewicht, und wenn wir uns ihm unterwerfen, kann er sogar die Beschwernisse zu Segnungen werden lassen.

Warum richtet Gott unser Leben so ein? Die Antwort ist einfach: damit wir nicht denken, dass wir alles wissen und wir mit unserem Leben auch allein klarkommen. *»… deshalb, weil der Mensch gar nichts herausfinden kann von dem, was nach ihm ist«* (V. 14). Immer wenn wir denken, dass wir eine Erklärung für etwas haben, ändert Gott die Situation und wir müssen unsere Formel verwerfen. Das war der Fehler von Hiobs Freuden: Sie versuchten, Hiob mit einer alten Straßenkarte auf einer ganz neuen Reise zu leiten, und die Karte passte nicht dazu. Ganz gleich, wie viel Erfahrung im christlichen Leben wir haben oder wie viele Bücher wir gelesen haben, wir müssen dennoch stets im Glauben wandeln.

Gerechtigkeit und Sünde (7,15-18). Wenn es ein Problem im Leben gibt, das eine reife Perspektive erfordert, dann ist es die Frage: »Warum leiden die Gerechten, und die Ungerechten haben Erfolg?« Die Guten sterben jung, während die Schlechten ein langes Leben zu genießen scheinen, und dies scheint im Widerspruch zu stehen zu der Gerechtigkeit Gottes und dem Wort Gottes. Hat Gott dem Volk nicht gesagt, dass die Gehorsamen lange leben (2Mo 20,12; 5Mo 4,40) und die Ungehorsamen vernichtet würden? (5Mo 4,25-26; Ps 55,23).

Zwei Tatsachen sind hier in Betracht zu ziehen. Ja, Gott versprach, Israel in seinem Land zu segnen, wenn es sein Gesetz hielt, aber er hat dieselben Versprechen nicht den heutigen Gläubigen unter dem Neuen Bund gegeben. Francis Bacon (1561-1626) schrieb: »Reichtum ist die Segnung des Alten Testaments; Ungemach ist die Segnung des Neuen.« Die Einleitungsworte der Bergpredigt unseres Herrn lauteten nicht: »Glückselig die Reichen an Vermögen«, sondern: *»Glückselig die Armen im Geist«* (Mt 5,3; und siehe Lk 6,20).

Zweitens: Die Ungerechten scheinen *nur dann* Erfolg zu haben, *wenn man die Dinge kurzfristig sieht.* Dies war die Lektion, die Asaf in Psalm 73 niederschrieb und die Paulus in Römer 8,18 und 2. Korinther 4,16-18 betonte. *»Sie haben ihren Lohn dahin«* (Mt 6,2.5.16), und dieser Lohn ist alles, was sie jemals bekommen werden. Sie mögen die ganze Welt erwerben, aber sie verlieren ihre eigene Seele. Dies ist das Schicksal aller, die ihrem Beispiel folgen und das Ewige dem Zeitlichen opfern.

Die Verse 16-18 sind missverstanden worden von jenen, die meinen, dass Salomo »Mäßigung« im Alltag lehrte: Sei nicht allzu gerecht, aber sei auch kein zu großer Sünder. »Riskiere nichts«, sagen diese vorsichtigen Philosophen, aber das entspricht nicht dem, was Salomo schrieb.

Im hebräischen Text beinhalten die Verben in Vers 16 den Gedanken rückbezüglicher Handlung. Salomo sagte zum Volk: »Behauptet nicht, gerecht zu sein, und behauptet nicht, weise zu sein.« Anders formuliert: Er warnte sie vor *Selbstgerechtigkeit und dem Stolz, der sich einstellt, wenn wir denken, dass wir es »geschafft« hätten und alles wüssten.* Salomo machte in Vers 20 deutlich, dass es keine gerechten Menschen gibt, und deshalb kann er sich nicht auf wahre Gerechtigkeit beziehen. Er verurteilte die Selbstgerechtigkeit des Heuchlers und die falsche Weisheit des Stolzen, und er warnte davor, dass diese Sünden zu Zerstörung und Tod führten.

Vers 18 gleicht die Warnung aus: Wir sollen an wahrer Gerechtigkeit festhalten und uns nicht von wahrer Weisheit entfernen. Das ist machbar, wenn man in Gottesfurcht wandelt. *»Die Furcht des HERRN ist der Weisheit Anfang«* (Spr 9,10), und Jesus Christus ist dem Gläubigen *»Weisheit von Gott und Gerechtigkeit und Heiligkeit und Erlösung«* (1Kor 1,30), deshalb brauchen Gottes Menschen diese Segnungen nicht selbst zu »produzieren«.

3. Weisheit hilft uns, dem Leben stärker entgegenzutreten (Pred 7,19-29)

»Die Weisheit hilft den Weisen mehr als zehn Machthaber, die in der Stadt sind« (V. 19). Der weise Mensch fürchtet den Herrn, und deshalb

fürchtet er sonst nichts und niemanden (Ps 112). Er wandelt mit dem Herrn und hat die Eignung, die notwendig ist, um den Herausforderungen des Lebens entgegenzutreten, einschließlich einem Krieg (siehe 9,13-18).

Mit welchen Problemen im Leben müssen wir uns auseinander setzen und sie überwinden? Nummer Eins auf der Liste ist die *Sünde*, weil niemand auf Erden ohne Sünde ist (V. 20, und beachten Sie 1. Könige 8,46). Wir alle sind sowohl der Unterlassungssünden (*»Gutes tun«*) als auch der tätigen Sünden (*»niemals sündigen«*) schuldig. Wenn wir in der Furcht Gottes wandeln und seiner Weisheit folgen, werden wir in der Lage sein, den Bösen zu entlarven und zu bekämpfen, wenn er kommt, um uns zu versuchen. Weisheit wird uns auf unserem täglichen Weg leiten und bewachen.

Ein weiteres Problem, mit dem wir umgehen müssen, ist, *was die Leute über uns sagen* (V. 21-22). Der weise Mensch hört nicht auf das tägliche Geschwätz, weil er auf wichtigere Dinge achten muss. Charles Spurgeon sagte zu seinen Studenten, dass der Prediger ein blindes Auge und ein taubes Ohr haben sollte. »Ihr könnt nicht den Zungen der Menschen Einhalt gebieten«, sagte er, »und deshalb ist das Beste, was ihr tun könnt, euren eigenen Ohren Einhalt zu gebieten und nicht darauf zu achten, was gesagt wird. Dort draußen gibt es eine Welt des oberflächlichen Tratsches, und wer sich darum kümmert, wird genug zu tun haben« (*Lectures to my Students*; Marshall, Morgan, and Scott Neuauflage 1965, S. 321). Natürlich, wenn wir ehrlich sind, müssen wir möglicherweise bekennen, dass auch wir schon häufig über andere Leute geredet haben! Siehe Psalm 38 und Matthäus 7,1-3.

Ein drittes Problem ist *unsere Unfähigkeit, die Bedeutung von allem, was Gott in dieser Welt tut, zu erfassen* (V. 23-25, und siehe 3,11 und 8,17). Sogar Salomo mit all seiner von Gott geschenkten Weisheit konnte nicht alles verstehen, was existiert, wie Gott es lenkt und welche Ziele er im Sinn hat. Er suchte nach dem »Grund der Dinge«, doch er fand keine abschließenden Antworten auf all seine Fragen. Der weise Mensch jedoch weiß, dass er nichts weiß, und das hilft ihm, weise zu werden!

Und schließlich muss sich der weise Mensch mit der *Sündigkeit der Menschheit im Allgemeinen* (V. 26-29) befassen. Salomo begann mit der sündigen Frau, der Prostituierten, welche die Männer einfängt und sie zum Tod führt (V. 26, und siehe Spr 2,16-19; 5,3-6; 6,24-26 und 7,5-27). Salomo selbst war umstrickt worden von vielen ausländischen Frauen, die ihn vom Herrn weg und in die Anbetung heidnischer Götter lockten (1Kö 11,3-8). Dieser bösen Frau kann man nur entkommen, wenn man Gott fürchtet und danach trachtet, ihm zu gefallen.

Salomo schloss, dass die gesamte menschliche Rasse in Sünde geknebelt war und *ein* Mann unter tausend weise war – und keine einzige Frau! (Die Zahl tausend ist bedeutungsvoll in Anbetracht von 1. Könige 11,3.) Wir sollten daraus nicht schließen, dass Salomo Frauen für weniger intelligent hielt als Männer, denn dies war nicht der Fall. In den Sprüchen (12,4; 14,1; 18,22; 19,14 und 31,10ff.), in Prediger (9,9) und natürlich im Hohenlied sprach er achtungsvoll von Frauen. Im Buch der Sprüche personifizierte Salomo Gottes Weisheit als eine schöne Frau (1,20ff; 8,1ff; 9,1ff.). Bedenken Sie jedoch, dass in jenen Tagen Frauen weder die Freiheit noch die Stellung hatten, die sie heutzutage inne haben, und es wäre ungewöhnlich gewesen, wenn eine Frau ebenso gelehrt gewesen wäre wie ein Mann. Es wurde als Strafe Gottes angesehen, wenn Frauen über das Land herrschten (Jes 3,12, aber erinnern Sie sich an Miriam und Deborah, zwei Frauen, die große Führungsqualitäten hatten).

Gott erschuf den Menschen (Adam), dass er aufrecht steht; doch Adam war Gott ungehorsam und fiel, und nun sind alle Menschen Sünder, die viele kluge Erfindungen machen. Nach dem Bild Gottes geschaffen, hat der Mensch die Fähigkeit, die Kräfte zu verstehen und zu nutzen, die Gott als Teil der Natur geschaffen hat, aber er nutzt diese Fähigkeit nicht immer auf konstruktive Weise. Jeder Schritt vorwärts in der Wissenschaft scheint eine Büchse der Pandora mit neuen Problemen für die Welt zu öffnen, so dass wir uns mittlerweile mit den Problemen vergifteter Luft und vergifteten Wassers und erschöpfter natürlicher Ressourcen wiederfinden. Und darüber hinaus hat der Mensch seine Fähigkeiten genutzt, um verlockende

Formen der Sünde zu ersinnen, die Individuen und ganze Nationen vernichten.

Ja, es gibt viele Fallen und Versuchungen in dieser bösen Welt, aber der Mensch mit frommer Weisheit wird die Kraft haben, sie zu überwinden. Salomo hat den Beweis für seine Behauptung erbracht: Weisheit kann unser Leben besser und klarer und stärker machen. Wir mögen nicht alles vollständig verstehen, was Gott tut, aber wir werden genug Weisheit haben, um zum Besten unserer Mitmenschen und zur Ehre Gottes zu leben.

Neun

Prediger 8

Was ist mit den Gottlosen?

Als König Salomo fortfuhr, den Wert der Weisheit zu erforschen, traf er auf das Problem des Bösen in der Welt – ein Problem, das kein denkender Mensch wirklich vermeiden kann. Nicht *Unglaube* schafft dieses Problem, sondern *Glaube*. Wenn es keinen Gott gibt, können wir für das, was geschieht, niemand anderem die Schuld geben als uns selbst (oder dem Schicksal). Wenn wir jedoch an einen guten und liebenden Gott glauben, müssen wir uns der schwierigen Frage stellen, warum es in dieser Welt so viel Leid gibt. Weiß Gott davon und kümmert er sich trotzdem nicht darum? Oder weiß er es, sorgt sich, aber ihm mangelt die Macht, etwas dagegen zu unternehmen?

Manche Menschen denken über diese Frage nach und werden schließlich entweder zu Agnostikern oder zu Atheisten; doch damit schaffen sie ein ganz neues Problem: »Woher kommt all das *Gute* in der Welt?« Es ist schwierig zu glauben, dass *allein* die Materie die schönen und erfreulichen Dinge hervorgebracht hat, die wir in unserer Welt haben, sogar inmitten von so viel Schlechtem.

Andere Menschen lösen das Problem, indem sie sagen, dass das Böse nur eine Illusion ist und wir uns nicht darum sorgen sollten, oder dass Gott in der »Entwicklung« ist und nicht viel an den Tragödien des Lebens ändern kann. Sie versichern uns, dass Gott erstarken werde und die Dinge sich im Laufe des Evolutionsprozesses noch verbessern.

Salomo leugnete nicht die Existenz Gottes oder die Realität des Bösen, und er begrenzte auch nicht die Macht Gottes. Salomo löste das Problem des Bösen, indem er diese Faktoren bestätigte *und sie aus der angemessenen Perspektive sah.* Wir dürfen nicht vergessen, dass eine Hauptquelle des Bösen in der Welt der gefallene Mensch ist mit seinen *»vielen Künsten«*, den guten und den bösen, die mitgeholfen haben, diese oder jene Probleme zu schaffen (Pred 7,29). Dafür kann man Gott ganz sicher nicht die Schuld zuschieben!

In den dunkelsten Tagen des Zweiten Weltkriegs fragte jemand einen meiner Freunde: »Warum beendet Gott nicht den Krieg?« Mein Freund antwortete weise: »Weil er nicht derjenige war, der ihn begonnen hat.« Salomo hätte dieser Antwort zugestimmt.

Der Prediger erforschte das Problem des Bösen in der Welt, indem er drei Schlüsselbereiche des Lebens überprüfte.

1. Autorität (Pred 8,1-9)

Angefangen mit Nimrod (1Mo 10,8-9) und über die Jahrhunderte weiterführend mit Pharao, Sanherib, Nebukadezar, Darius, den Cäsaren bis hin zu Hitler haben gottlose Herrscher Millionen guter Menschen auf die eine oder andere Weise unterdrückt. Die Israeliten litten häufig unter ausländischen Unterdrückern, und selbst Salomo hatte sein eigenes Volk unter ein schweres Joch der Knechtschaft gepresst (1Kö 4,7–5,8; 12,1ff.).

Bedenken Sie, dass orientalische Herrscher damals die Macht über Leben und Tod in den Händen hielten und mit dieser Macht oft launenhaft umgingen. Sie waren nicht vom Volk gewählt und mussten sich auch nicht vor diesem verantworten. Manche Potentaten herrschten als wohlwollende Diktatoren, aber die meisten der Herrscher im Orient der Antike waren tyrannische Despoten, die es nicht zuließen, dass etwas der Erfüllung ihrer Wünsche im Wege stand.

Salomo beschrieb einen Offizier am königlichen Hof, einen Mann, der die Befehle eines despotischen Herrschers auszuführen hatte. Der Offizier hatte Weisheit, tatsächlich zeigte sie sich in seinen Gesichtszügen (V. 1, und siehe Neh 2,1ff. und Spr 15,13). Nehmen wir an, dass der König dem Diener befahl, etwas Schlechtes zu tun, das dem Diener widerstrebte. Was sollte der Diener tun? An dieser Stelle kommt ihm die Weisheit zu Hilfe. Seine Weisheit sagte ihm, dass es vier mögliche Reaktionen auf dieses Problem gab:

Ungehorsam. Doch Salomos Ermahnung lautete: *»Dem Befehl des Königs gehorche«* (V. 2). Warum? Zuerst einmal muss der Offizier seinen Treueschwur halten gegenüber dem König und gegenüber Gott, der die Quelle aller Autorität in dieser Welt ist (Röm 13). Einen Befehl nicht zu befolgen, würde bedeuten, das dem Herrscher und Gott gegebene Versprechen nicht zu halten, und das hat ernste Folgen.

Das Wort des Königs hätte mehr Macht als das Wort seines Dieners (V. 4) und würde sich dementsprechend Geltung verschaffen, notfalls würde der König die Gegner ausschalten. Niemand konnte aus einer sicheren Position heraus die Entscheidungen des Herrschers infrage stellen, denn *»des Königs Wort ist mächtig«*. Es gab kein Gesetz, das den König für schuldig befinden konnte.

Drittens sollte der Offizier Befehle befolgen, um eine Strafe zu vermeiden (V. 5a). Immerhin konnte sein Ungehorsam zum Tod führen (siehe Dan 4). Paulus argumentierte ganz ähnlich in Römer 13,3-4. Wir alle haben schon genug Probleme, warum noch welche hinzufügen (V. 7)? Außerdem kann ja niemand die Zukunft vorhersagen, und deshalb wissen wir nicht, wie der König auf unsere Entscheidungen reagieren wird.

Eines ist sicher: Der Tag wird kommen, an dem das Böse bestraft wird (V. 8b), und auch Könige werden dem nicht entkommen. Niemand kann den Wind beherrschen oder dem Tag seines Todes entgehen (»Wind« und »Geist« sind im Hebräischen dasselbe Wort), und niemand kann während eines Krieges als Soldat entlassen werden. Ebenso wenig kann jemand das unerbittliche Wirken von Gottes Gesetz anhalten: *»Denn was ein Mensch sät, das wird er auch ernten«* (Gal 6,7). *»Ihr sollt erkennen, dass eure Sünde euch finden wird«* (4Mo 32,23).

Doch nehmen wir an, der Diener kann seinem Herrn einfach nicht gehorchen. Dann muss er die anderen Alternativen erwägen.

Fahnenflucht (V. 3a). Man kann sich gut vorstellen, wie der Offizier angewidert den König verlässt und seinen Posten am Hof aufgibt. Selbst diese Handlung mag nicht ungefährlich sein, da sich der König möglicherweise beleidigt fühlt und den Mann trotzdem bestraft. Doch schon so mancher hat seine Stellung aufgegeben, um die eigene Integrität zu bewahren. Ich erinnere mich an eine Plauderei mit einem christlichen Drucker, der eine gute Stellung in einer großen Druckerei aufgab, weil sich die Firma dazu entschlossen hatte, pornografische Zeitschriften zu drucken. Er verlor einen Teil seines Einkommens, aber er behielt seinen Charakter.

Trotz (V. 3b). *»Lass dich nicht auf eine böse Sache ein«* kann bedeuten: »Unterstütze nicht den bösen Plan des Königs«, oder: »Lass' dich nicht darauf ein, den König zu stürzen«. Ich ziehe die letztere Interpretation vor, weil sie gut zu der ersten Ermahnung in Vers 3 passt. Der Offizier verlässt eilig den König, findet andere, die sich mit ihm dem Plan des Königs widersetzen, und schmiedet mit ihnen ein Komplott gegen die Krone. Salomo gefiel diese Alternative nicht.

Gibt es im Leben eines Gläubigen überhaupt Platz für »zivilen Ungehorsam«? Haben gesetzestreue Bürger das Recht, sich der Autorität zu widersetzen, wenn sie das Gefühl haben, dass das Gesetz ungerecht ist? Thomas Jefferson schrieb: »Widerstand gegen Tyrannen ist Gehorsam gegenüber Gott.« Hatte er Recht?

In Bezug auf Angelegenheiten, die mit Gewissen und Gesetz zu tun haben, stimmen Gläubige weitgehend mit Petrus überein: *»Man muss Gott mehr gehorchen als Menschen«* (Apg 5,29). Über zwei Jahrtausende hinweg haben christliche Gefangene und Märtyrer Zeugnis abgelegt für den Mut des Gewissens und dafür, wie wichtig es ist, für das Recht einzustehen. Das bedeutet nicht, dass wir uns in jeder Kleinigkeit, die uns stört, dem Gesetz widersetzen können, aber es bedeutet sehr wohl, dass wir die Verpflichtung haben, unserem Gewissen zu folgen. Es erfordert jedoch Weisheit und Takt, unsere Kritik an den Autoritäten zu formulieren; an dieser Stelle kommt die vierte Alternative zum Tragen.

Urteilskraft (V. 5b-6). Der weise Diener versteht, dass *»die richtige Zeit und das rechte Verhalten«* bei allem, was wir tun, in Betracht gezogen werden müssen, denn es erfordert Urteilskraft, das rechte Verhalten zur richtigen Zeit zu erkennen. Der impulsive Mensch, der überreagiert und aus dem Raum stürmt (V. 3), verschlimmert das Problem wahrscheinlich noch. Weisheit hilft uns dabei, Menschen und Situationen zu verstehen und das Richtige zur richtigen Zeit zu tun. *»Das Herz eines Weisen kennt die richtige Zeit und das rechte Verhalten«* (V. 5b).

Dies zeigt sich auf wunderbare Weise im Leben von verschiedenen Gläubigen des Alten Testaments. Josef offenbarte seinen Brüdern nicht impulsiv, wer er war, weil er sicher sein wollte, dass ihre Herzen ihrem Vater Jakob und Gott gegenüber ehrlich waren. Als er hörte, wie sie ihre Sünden bekannten, wusste Josef, dass nun die rechte Zeit gekommen war, um sich zu erkennen zu geben. Sein Umgang mit dieser schwierigen Angelegenheit war ein Meisterstück der Weisheit (siehe 1Mo 43–45).

Nehemia hatte die Aufgabe, die Mauern von Jerusalem wieder aufzubauen, aber er wusste nicht, ob der König ihn für diese Aufgabe freistellen würde (Neh 1–2). Er wartete, sah zu und betete, weil er wusste, dass Gott ihm eines Tages den Weg frei machen würde. Als die passende Stunde kam, war Nehemia bereit, und der König gewährte ihm seine Bitte. Nehemia wusste, wie man *»Zeit und Verhalten«* richtig beurteilte.

Als Kriegsgefangener in einem fremden Land weigerte Daniel sich, das unreine Essen zu sich zu nehmen, das man ihm vorsetzte, aber er machte keine große Sache daraus. Stattdessen schlug er höflich und weise vor, dass die Wachen den Juden erlaubten, eine andere Kost zu probieren. Der Plan ging auf, und Daniel und seine Freunde hielten sich nicht nur zeremoniell rein, sondern wurden in den Hof des Königs aufgenommen (siehe Dan 1).

Die Apostel übten geistliche Urteilskraft, als sie gefangengenommen und verurteilt wurden (Apg 4–5). Sie erzeigten denen in Amt und Würden Achtung, obwohl die religiösen Anführer Vorurteile hatten und gegen das Gesetz handelten. Die Apostel waren sogar gewillt, für ihren Glauben zu leiden, und der Herr ehrte sie dafür.

Wir haben die Alternativen, ungehorsam zu sein, davonzulaufen, Befehle zu missachten und sogar uns zu widersetzen. Doch bevor wir handeln, sollten wir zuerst weise sein und die *»rechte Zeit und das rich-*

tige Verhalten« zu erkennen. Es ist nicht einfach, in dieser komplizierten, schlechten Welt ein beständiger Christ zu sein, aber wir können um die Weisheit Gottes bitten und sie durch Glauben erhalten (Jak 1,5; 3,17-18).

2. Ungerechtigkeit (Pred 8,10-14)

Salomo fasste seine Sorge in Vers 14 zusammen: *»Da sind Gerechte, denen es nach dem Tun der Ungerechten ergeht, und da sind Ungerechte, denen es nach dem Tun der Gerechten ergeht.«* Trotz guter Gesetze und anständiger Menschen, die danach trachten, diese Gesetze anzuwenden, gibt es in dieser Welt mehr Ungerechtigkeit, als wir zugeben möchten. Ein spanisches Sprichwort sagt: »Gesetze sind wie Spinnweben; sie fangen die Fliege und lassen den Falken davonfliegen.« Laut dem berühmten Prozessanwalt F. Lee Bailey »bedeutet ein Freispruch in Amerika nicht, dass man unschuldig ist; er bedeutet lediglich, dass man davongekommen ist.« Seine Definition ist etwas zynisch, doch der Dichter Robert Frost definierte ein Geschworenengericht als »zwölf Leute, die dazu auserwählt wurden zu entscheiden, wer den besseren Anwalt hat.«

In Vers 10 berichtete Salomo über eine Beerdigung, an der er teilgenommen hatte. Der Verstorbene war ein Mann gewesen, der oft den Tempel besucht hatte (*»die heilige Stätte«*) und von den Leuten hochgelobt wurde, aber er hatte kein frommes Leben geführt. Dennoch erhielt er ein großartiges Begräbnis mit einem lobenden Nachruf, während die wahrhaft frommen Menschen der Stadt ignoriert und vergessen wurden.

Als er über die Sache nachdachte, wurde Salomo bewusst, dass der Verstorbene nicht aufgehört hatte zu sündigen, weil er dachte, dass er damit durchkomme (V. 11). Gott ist tatsächlich geduldig gegenüber Sündern und richtet die Sünde nicht immer sofort (2Petr 3,1-12). Dennoch sollte man Gottes Gnade nicht als eine Entschuldigung für die Rebellion des Menschen benutzen.

Der Prediger kam zu dem Schluss, dass die Ungerechten schließlich gerichtet und die Gottesfürchtigen belohnt werden (V. 12-13), und dass es deshalb besser ist, den Herrn zu fürchten und ein frommes Leben zu führen. Der Böse mag länger leben als der Gottesfürchtige. Er mag scheinbar mit einer Sünde nach der anderen durchkommen, doch der Tag des Gerichts wird kommen und der Böse wird ihm nicht entgehen können. Es ist die Weisheit, die den Weg zeigt; denn *»die Furcht des HERRN ist der Weisheit Anfang«* (Spr 9,10).

Ganz gleich, wie lange oder erfüllt das Leben des Bösen scheinbar sein mag, es ist nur verlängert wie ein Schatten und hat keine Substanz (V. 13). Tatsächlich werden die Schatten länger, wenn die Sonne untergeht. Salomo mag damit sagen wollen, dass das lange Leben des bösen Menschen nichts ist als ein Vorspiel zur ewigen Dunkelheit. Wie gut ist ein langes Leben, wenn es nur ein Schatten ist, der in das Dunkel der Finsternis in Ewigkeit reicht (Jud 13)?

Wie sollte der Weise auf die Ungerechtigkeiten in dieser Welt reagieren? Sicherlich sollen wir alles in unserer Macht Stehende tun, um die Verabschiedung guter Gesetze und deren Durchsetzung durch fähige Leute zu unterstützen, doch auch dadurch wird das Problem nicht vollständig gelöst. Bis Jesus Christus sein gerechtes Königreich errichtet, wird es stets Ungerechtigkeit in unserer Welt geben. Sie gehören zu den *»Nichtigkeiten«* des Lebens, und wir müssen sie akzeptieren, ohne pessimistisch oder zynisch zu werden.

3. Mysterium (Pred 8,15-17)

Dem Menschen, der alles wissen muss oder glaubt, alles zu wissen, ist in dieser Welt unausweichlich Enttäuschung beschieden. Viele schwierige Tage und schlaflose Nächte hindurch widmete sich der Prediger emsig den Mysterien des Lebens. Er kam zu dem Schluss, dass *»der Mensch das Werk nicht ergründen kann, das unter der Sonne geschieht«* (V. 17; siehe 3,11; 7,14.24.27-28). Wir mögen in der Lage sein, hier und da ein Rätsel zu lösen, doch kein Mann und keine Frau kann die Gesamtheit der Dinge verstehen oder alles erklären, was Gott tut.

Der Historiker Will Durant befasste sich in seiner mehrbändigen *Kulturgeschichte der Menschheit* mit der Geschichte des Menschen und kam zu dem Schluss: »Unser Wissen ist eine verschwindende Fata Morgana in einer sich ausbreitenden Wüste der Unwissenheit.« Natürlich darf man diese Tatsache nicht als Entschuldigung für Dummheit nutzen. *»Das Verborgene steht bei dem HERRN, unserm Gott; aber das Offenbare gilt uns und unsern Kindern für ewig, damit wir alle Worte dieses Gesetzes tun«* (5Mo 29, 28). Gott erwartet nicht von uns, dass wir das Unbegreifbare verstehen, aber er erwartet, dass wir so viel lernen wie möglich und das befolgen, was er uns lehrt. Tatsächlich lehrt er uns umso mehr, je gehorsamer wir sind (Joh 7,17).

Ein Bekenntnis der Unwissenheit ist der erste Schritt hin zum wahren Wissen. *»Wenn jemand meint, er habe etwas erkannt, so hat er noch nicht erkannt, wie man erkennen soll«* (1Kor 8,2). Der Mensch, der Gottes Wahrheit erlernen will, muss Ehrlichkeit und Demut besitzen. Der Harvard-Philosoph Alfred North Whitehead sagte: »Nicht Unwissenheit, sondern die Unkenntnis der Unwissenheit ist der Tod des Wissens.«

Der französische Philosoph Blaise Pascal schrieb in seinen berühmten *Pensées* (Nr. 446): »Wenn es keine Finsternis gäbe, würde der Mensch seine Verdorbenheit nicht fühlen; wenn es kein Licht gäbe, könnte der Mensch nicht auf Besserung hoffen. Deshalb ist es nicht nur recht, sondern nützlich für uns, dass Gott teils verborgen und teils offenbar ist, da es für den Menschen gleichermaßen gefährlich ist, Gott zu kennen, ohne seine eigene Niedertracht zu kennen, wie seine Niedertracht zu kennen, ohne Gott zu kennen.«

Zum vierten Mal riet Salomo seinen Lesern, das Leben zu genießen und sich an den Früchten ihrer Arbeit zu erfreuen (V. 15; siehe 2,24; 3,12-15 und 5,8-20). Bedenken Sie, diese Ermahnung ist nicht die törichte, »iss, trink und sei fröhlich«-Philosophie des ungläubigen Hedonisten. Es ist stattdessen die positive »Glaubensanschauung« von Gottes Kindern, die das Leben als Gottes besondere Gabe annehmen und wissen, dass er *»uns alles reichlich darreicht zum Genuss«* (1Tim 6,17). Statt uns darüber zu beschweren, was wir nicht haben, danken wir für das, was wir haben, und genießen es.

Damit endet Salomos erneute Überprüfung der *»Nichtigkeit der Weisheit«* (1,12-18). Statt die Weisheit zurückzuweisen, schloss der König, dass Weisheit wichtig ist für Menschen, die das Leben optimal nutzen wollen. Auch wenn Weisheit nicht jedes Geheimnis erklären oder jedes Problem lösen kann, so kann sie uns doch dabei helfen, bei unseren Entscheidungen Urteilsfähigkeit walten zu lassen. *»Denn für jede Sache gibt es die richtige Zeit und das rechte Verhalten«* (8,6), und der weise Mensch weiß, was er zum richtigen Zeitpunkt tun sollte.

ZEHN

Prediger 9

Dem letzten Feind begegnen

»Ach, warum bemühen sich die Menschen,
hübsche Namen für den Tod zu erfinden?«

John Betjeman, der verstorbene Hofdichter Englands, schrieb diese Worte in seinem Gedicht *Graveyards* (Friedhöfe). Jeder ehrliche Mensch kann diese Frage beantworten, wie es Betjeman in seinem Gedicht tat: Wir erfinden »hübsche Namen«, weil wir uns nicht der Realität des Todes stellen wollen. Der Soziologe Ernest Becker behauptete, »dass von allen Dingen, die den Menschen bewegen, eines der wesentlichsten seine schreckliche Todesfurcht ist« (*The Denial of Death* – Titel der deutschen Ausgabe: Die Überwindung der Todesfurcht«, S. 11),

Während meiner vielen Jahre als Pastor habe ich diese Leugnung des Todes erlebt. Wenn ich trauernde Familien besuchte, bemerkte ich, wie häufig die Menschen das Wort »Tod« vermieden und es durch Formulierungen wie »hat uns verlassen«, »ist heimgegangen« »ist eingeschlafen« oder »ist verschieden« ersetzten. Wenn ein Christ verstirbt, ist er natürlich »eingeschlafen« oder »heimgegangen«, doch diese Versicherung sollte den Tod in unserem Denken und Fühlen nicht weniger real werden lassen. Der Mensch, der mit dem Tod leichtfertig umgeht, mag ihn am meisten fürchten. Wenn wir das Leben ernst nehmen – und das sollten wir – können wir den Tod nicht mit Leichtfertigkeit behandeln.

Dies ist nicht das erste Mal, dass das Thema Tod in Salomos Predigt vorkommt, und es wird auch nicht das letzte Mal sein. (Siehe 1,4; 2,14-17; 3,18-20; 4,8; 5,15-16; 6,6; 8,8; 12,1-7.) Immerhin besteht die einzige Möglichkeit, auf das Leben vorbereitet zu sein, darin, auf den Tod vorbereitet zu sein. Der Tod ist eine Tatsache des Lebens, und Salomo überprüfte viele Aspekte des Lebens, um Gottes Muster für ein zufriedenes Leben verstehen zu können. Robert E. Lees letzte Worte waren: »Lasst es zu, dass das Zelt zerstört wird!« Wenn Jesus Christus nicht zurückkehrt und uns in den Himmel mitnimmt, wird eines Tages *»unser irdisches Zelthaus zerstört«* (2Kor 5,1-8), und wir verlassen das Schlachtfeld für ein besseres Land. Wir müssen vorbereitet sein.

In diesem Kapitel kam Salomo zu zwei Schlüssen: Der Tod ist unvermeidlich (V. 1-10), und das Leben ist unvorhersehbar (V. 11-18). Also besteht das Beste, was wir tun können, darin, auf Gott zu vertrauen, durch Glauben zu leben und die Segnungen zu genießen, die Gott uns schenkt.

1. Der Tod ist unvermeidlich (Pred 9,1-10)

»Ich habe keine Angst zu sterben«, witzelte Woody Allen, »ich möchte nur nicht dabei sein, wenn es passiert.« Doch wie jeder Mensch *wird* er dabei sein, wenn es passiert, denn man kann dem Tod nicht entfliehen, wenn die Zeit gekommen ist. Der Tod ist kein Zufall, sondern eine Berufung (Hebr 9,27), ein Schicksal, das niemand außer Gott aufheben oder ändern kann.

Leben und Tod sind *»in der Hand Gottes«* (V. 1), und nur er kennt unsere Zukunft und weiß, ob sie Segen (*»Liebe«*) oder Leid (*»Hass«*) bringen wird. Salomo will damit nicht sagen, dass wir passive Protagonisten in einem kosmischen Drama sind, die einem unveränderlichen Drehbuch folgen, das uns von einem rücksichtslosen Regisseur in die Hand gedrückt wurde. Das ganze Buch Prediger hindurch hat Salomo unsere Urteils- und Entscheidungsfreiheit betont. Doch nur Gott weiß, was uns in der Zukunft bevorsteht und was morgen geschehen wird infolge der Entscheidungen, die wir heute treffen.

»Wie der Gute so der Sünder« (V. 2). »Wenn das so ist, warum sollte man sich denn dann überhaupt bemühen, ein gottesfürchtiges Leben zu führen?«, mag da so mancher fragen. »Immerhin sterben

wir so oder so, ob wir dem Gesetz gehorchen oder nicht, Opfer bringen oder nicht, Versprechen halten oder brechen.« Ja, wir teilen ein gemeinsames Schicksal auf Erden – den Tod und das Grab –, *aber wir teilen kein gemeinsames Schicksal in der Ewigkeit.* Deshalb muss jedermann dem *»letzten Feind«* (1Kor 15,26) ehrlich ins Gesicht schauen und entscheiden, wie er oder sie damit umgeht. Christen haben stets darauf vertraut, dass Jesus Christus sie von Sünde und Tod errettet, deshalb ist in ihren Augen *»der letzte Feind«* besiegt worden (Röm 6,23; Joh 11,25-26; 1Thes 4,13-18; 1Kor 15,51-58). Ungläubige haben dieses Vertrauen nicht und sind nicht auf das Sterben vorbereitet.

Wie die Menschen mit der Realität des Todes umgehen, offenbart sich darin, wie sie mit den Realitäten des Lebens umgehen. Salomo zeigte drei unterschiedliche Reaktionen auf die ewig gegenwärtige Furcht vor dem Tod auf.

Flucht (V. 3). Die Tatsache des Todes und die Furcht vor dem Tod bringt entweder das Beste oder das Schlechteste in den Menschen hervor; allzu oft ist es das Schlechteste. Wenn der Tod in eine Familie tritt, *schafft* er keine Probleme, sondern er *offenbart* sie. Viele Pastoren und Bestattungsunternehmer haben schon die »Röntgenkraft« des Todes und der Trauer erlebt, welche die Herzen offenbart. Indem wir dem Tod anderer gegenübertreten, sind wir auch mit unserem eigenen Tod konfrontiert, und viele Leute schaffen das einfach nicht.

»Auch ist das Herz der Menschenkinder voll Bosheit«, und diese Bosheit kommt unweigerlich hervor. Die Menschen tun fast *alles außer Buße*, um der Realität des Todes zu entfliehen. Sie betrinken sich, streiten mit ihren Verwandten, fahren rücksichtslos Auto, verschwenden hohe Geldbeträge an nutzlose Dinge und stürzen sich von einem sinnlosen Vergnügen in das nächste – alles nur, um den Sensenmann auf Abstand zu halten. Ihre kostspieligen Bemühungen lenken sie jedoch lediglich von der Schlacht ab; sie beenden nicht den Krieg, denn *»der letzte Feind«* ist immer noch da.

Jene unter uns, die das Privileg hatten, den verstobenen Joseph Bayly zu ihren Freunden zu zählen, wissen, was für eine positive Einstellung er zum Tod hatte. Seine Ehefrau und er hatten das finstere Tal bereits viele Male durchwandert und Gott benutzte sie, um anderen leidenden Pilgern Trost und Hoffnung zu bringen. Sein Buch *The Last Thing We Talk About* (David C. Cook Publishing Company) ist ein schönes Zeugnis davon, wie Jesus Christus jene heilen kann, die gebrochenen Herzens sind. »Der Tod ist das große Abenteuer«, sagte Joe, »neben dem Mondlandungen und Reisen in den Weltraum zur Unwichtigkeit verblassen.«

Diese Art von Vertrauen bekommt man nicht, indem man versucht, vor der Realität des Todes davonzulaufen. Man bekommt sie, indem man *»dem letzten Feind«* ehrlich ins Gesicht blickt, sich von der Sünde abwendet und darauf vertraut, dass man von Jesus Christus gerettet wird. Haben Sie das getan?

Ertragen (V. 4-6). Wenn man mit der unabänderlichen Tatsache des Todes konfrontiert wird, springt nicht jeder in einen rettenden Unterschlupf und ruft: »Lasst uns essen, trinken und fröhlich sein, denn morgen könnten wir tot sein!« Viele Menschen beißen einfach die Zähne zusammen, drücken die Schultern durch und halten es aus. Sie klammern sich an den alten Leitspruch: »Solange es Leben gibt, gibt es Hoffnung« (das ist eine gute Interpretation von Vers 4).

Dieser Leitspruch geht bis ins dritte Jahrhundert vor Christus zurück. Er ist Bestandteil einer Unterhaltung zwischen zwei Bauern, die in einem Gedicht des griechischen Dichters Theokrit vorkommen. »Mut, o Battos!«, sagt Korydon. »Es kann sich mit dir leicht morgen schon bessern. Hoffnung geht mit dem Leben, im Tod erst endet die Hoffnung.« Ein Hauch des Predigers!

Salomo wäre der Letzte, der jemanden entmutigen würde, der auf das Beste hofft. Besser, ein lebendiger Hund (und Hunde wurde in jenen Tagen verachtet) als ein toter Löwe zu sein. Der Prediger bat uns lediglich darum, bei unserer Hoffnung auch ein wenig Menschenverstand an den Tag zu legen, damit wir nicht Gefahr laufen, uns an einer trügerischen Hoffnung festzuhalten, wenn es zu spät ist.

Lassen Sie uns zu Anfang bedenken, dass wir eines Tages sterben werden (V. 5). Der gläubige Christ hat eine *»lebendige Hoffnung«*, keine »tote« Hoffnung, weil der Heiland lebt und den Tod bezwungen hat (1Petr 1,3-5; 2Tim 1,10). Eine Hoffnung, die durch den Tod zerstört werden kann, ist eine falsche Hoffnung und sollte aufgegeben werden.

Was Salomo über den Tod schrieb, kann »umgekehrt« und auf die Lebenden angewandt werden. Die Toten wissen nicht, was auf Erden vorgeht, doch die Lebenden wissen es und können darauf reagieren. Die Toten können ihrem Lohn oder ihrem Andenken nichts hinzufügen, doch die Lebenden können es. Die Toten haben keinen Bezug zu den Menschen auf Erden durch Lieben, Hassen oder Neid, doch den Lebenden ist es möglich. Salomo betonte, wie wichtig es ist, dass wir während des Lebens Gelegenheiten ergreifen, statt blind auf etwas Besseres in der Zukunft zu hoffen, denn der Tod wird unseren Möglichkeiten hier auf Erden ein Ende setzen.

»Der menschliche Körper erfährt eine machtvolle Anziehung in Richtung Hoffnung«, schrieb der Journalist Norman Cousins, der selbst eine beinahe tödlich endende Krankheit und einen schweren Herzanfall überlebte. »Deshalb sind die Hoffnungen des Patienten die Geheimwaffe des Arztes. Sie sind die versteckten Zutaten jedes verschriebenen Medikaments.«

Wir ertragen es, weil wir Hoffnung haben, aber »Hoffnung auf die Hoffnung« (wie »Glauben an den Glauben«) ist nur allzu oft eine Form von Selbsthypnose, die uns davon abhält, dem Leben ehrlich ins Gesicht zu schauen. Einem Patienten mag es zwar mit einer optimistischen Einstellung besser gehen, doch es ist gefährlich für ihn, einer *falschen Hoffnung* zu folgen, die ihn davon abhalten mag, sich auf den Tod vorzubereiten. Diese Art von Hoffnung ist hoffnungslos. Wenn das Ende kommt, ist vielleicht die *Einstellung* des Patienten heiter, doch der *Ausgang* wird tragisch sein.

Das Leben ist nicht leicht, aber es bietet mehr als schlichtes Ertragen. Auf die Tatsache des Todes gibt es eine dritte Reaktion; eine Reaktion, welche nur jene Menschen zeigen können, die auf Jesus Christus als ihren Heiland vertrauen.

Genuss (V. 7-10). Dies ist eines von Salomos wiederkehrenden Themen (2,24; 3,12-15.22; 5,18-19; 8,15), und er wird erneut darauf zurückkommen (11,9-10). Seine Ermahnung *»Geh hin«* bedeutet:

»Sitze nicht herum und brüte! Steh auf und lebe!« Ja, der Tod kommt, aber Gott schenkt uns gute Gaben, die wir genießen sollen, also genießen wir sie!

Salomo drängte uns nicht, uns dem »Jet Set« anzuschließen und exotischen Vergnügungen an weitentfernten Orten nachzujagen. Stattdessen nannte er einige gängige Erfahrungen des Familienlebens: fröhliche und entspannte Mahlzeiten (V. 7), freudige Familienfeste (V. 8), eine Ehe voll Liebe und Treue (V. 9) und schwere Arbeit (V. 10). Was für ein Gegensatz zur Glücksformel der modernen Gesellschaft: schnelle Mahlzeiten und ein voller Terminkalender, das süchtig machende Streben nach allem Neuen, »Ehen ohne Trauschein« und Angebote, die schnellen Reichtum ohne viel Mühe garantieren.

In den vergangenen Jahren haben sich viele Stimmen zu dem Ruf zurück zu den traditionellen Werten des Lebens vereinigt. Manche Menschen haben die Leere satt, die das Leben mit Ersatzdingen mit sich bringt. Sie wollen etwas Sinnvolleres als die »richtigen« Markenschildchen auf ihren Kleidungsstücken und die »richtigen« Namen, die man an den »richtigen« Orten erwähnt, um als *in* zu gelten. Wie der jüngere Bruder im Gleichnis unseres Herrn (Lk 15,11-24) haben sie entdeckt, dass alles, was wirklich wichtig ist, sich daheim im Vaterhaus befindet.

Genieße deine Mahlzeiten (V. 7). Die israelitische Durchschnittsfamilie begann den Tag mit einem Imbiss zu früher Stunde und einem leichten Mahl am späten Vormittag. Dann aßen sie erst wieder nach Sonnenuntergang gemeinsam. Wenn ihre Arbeit getan war, kamen sie zur Hauptmahlzeit des Tages zusammen. Es bestand weitgehend aus Brot und Wein, vielleicht auch noch aus Milch und Käse, sowie etwas Gemüse und Obst der Saison und manchmal Fisch. Fleisch war teuer und wurde nur zu besonderen Anlässen serviert. Es war ein einfaches Mahl, dazu gedacht, sowohl den Körper als auch die Seele zu sättigen, denn zusammen essen (*»das Brot brechen«*) war ein gemeinschaftlicher Akt der Freundschaft und der Verbundenheit.

König Salomo setzte sich zu einem täglichen Festmahl nieder (1Kö 4,22-23), aber es gibt Hinweise darauf, dass er es nicht immer genossen hat. *»Besser ein Gericht Gemüse, und Liebe ist da, als ein gemästeter Ochse und Hass dabei«* (Spr 15,17). *»Besser ein trockener Bissen und Ruhe dabei als ein Haus voller Festspeisen, aber Streit dabei«* (Spr 17,1). Das Wichtigste auf jeder Speisekarte ist die *Liebe innerhalb der Familie*, denn Liebe lässt ein einfaches Mahl zu einem Festessen werden. Wenn die Kinder lieber bei einem Freund essen, statt ihre Freunde nach Hause mitzubringen und die Kochkünste ihrer Mutter zu genießen, ist es an der Zeit, sich darüber Gedanken zu machen, was um den Tisch herum vorgeht.

Genieße jeden Anlass (V. 8). Das Leben war schwierig für die Durchschnittsfamilie, aber jede Familie wusste, wie man besondere Anlässe wie Hochzeiten und Familientreffen genoss. Dann trug man seine weißen Gewänder (als Symbol der Freude) und salbte sich mit teuren Ölen statt dem üblichen Olivenöl. Diese Gelegenheiten waren selten, und deshalb genoss man sie in vollen Zügen.

Doch Salomo riet den Menschen, *zu jeder Zeit* weiße Kleider zu tragen und sich *zu jeder Zeit* mit besonderen Ölen zu salben. Natürlich nahm seine Zuhörerschaft dies nicht wörtlich, weil sie verstand, was er sagte: Mache jeden Anlass zu einem besonderen Anlass, auch wenn er etwas Gewöhnliches oder Routine ist. Wir sollen unserer Dankbarkeit und Freude nicht nur dann Ausdruck verleihen, wenn wir besondere Anlässe feiern. *»Freut euch im Herrn allezeit! Wiederum will ich sagen: Freut euch!«* (Phil 4,4)

Unter anderem mag Jesus dies im Sinn gehabt haben, als er seine Jünger anwies, wie Kinder zu werden (Mt 18,1-6). Ein unverdorbenes Kind erfreut sich an den einfachen Dingen des Lebens, auch an den Routineverrichtungen, wohingegen ein verwöhntes Kind mit einer Vielzahl kostspieliger Dinge unterhalten werden muss. Wir finden Freude nicht, indem wir nach Besonderem suchen, sondern indem wir die alltäglichen Dinge zu etwas Besonderem machen.

Genieße deine Ehe (V. 9). Salomo wusste nichts vom »Zusammenleben ohne Trauschein« oder von »Ehen auf Probe«. Er sah eine Ehefrau als Geschenk Gottes an (Spr 18,22; 19,14) und die Ehe als eine liebevolle Bindung, die ein Leben lang hält. Ganz gleich wie schwierig das Leben sein mag, im Haus des Mannes und der Frau, die einander lieben und ihr Eheversprechen halten, herrscht große Freude. Salomo würde dem Psychiater M. Scott Peck zustimmen, der *Bindung* als »das Fundament, das Muttergestein jeder wahrhaft liebevollen Beziehung« bezeichnet (*The Road Less Traveled*, deutscher Titel »Der wunderbare Weg«, S. 140).

Leider strebte Salomo nicht nach seinen eigenen Idealen. Er verwarf Gottes Vorstellung der Ehe und ließ es dann zu, dass seine vielen Ehefrauen ihn vom Herrn weglockten (1Kö 11,1-8). Wenn er, wie ich annehme, das Buch Prediger in einer späteren Periode seines Lebens schrieb, dann ist Vers 9 sein Bekenntnis: »Jetzt weiß ich es besser!«

Genieße deine Arbeit (V. 10). Das israelitische Volk sah Arbeit nicht als einen Fluch, sondern als eine von Gott gegebene Verantwortung an. Sogar die jüdischen Rabbis erlernten ein Handwerk (Paulus war Zeltmacher) und erinnerten das Volk: »Wer seinen Sohn nicht das Arbeiten lehrt, lehrt ihn das Stehlen.« Paulus schrieb: *»Wenn jemand nicht arbeiten will, soll er auch nicht essen«* (2Thes 3,10).

»Das tue in deiner Kraft« sagt zwei Dinge aus: Tu dein Bestes, und tu es, solange du Kraft hast. Der Tag mag kommen, an dem du deine Werkzeuge niederlegen und einem jüngeren und stärkeren Arbeiter Platz machen musst. Kolosser 3,17 wendet dieses Prinzip auf den Christen des Neuen Testaments an.

Die Dinge, die Beschäftigung ausmachen, gibt es im Grab (*scheol*) nicht mehr, mache deshalb jetzt aus deinen Möglichkeiten das Beste. Eines Tages werden unsere Werke beurteilt werden, und wir möchten zu Gottes Ehre einen Lohn empfangen (1Kor 3,10ff.; Kol 3,23-25).

Wenn wir Gott fürchten und im Glauben wandeln, werden wir nicht versuchen, dem Leben zu entfliehen oder es lediglich zu ertragen. Wir werden das Leben genießen und es fröhlich als Gabe des Herrn annehmen.

2. Das Leben ist unvorhersehbar (Pred 9,11-18)

In Erwartung der Reaktion seiner Zuhörer (und seiner Leser) wandte sich Salomo ab von seiner Diskussion des Todes und begann, das Leben zu diskutieren. »Wenn der Tod unvermeidlich ist«, so könnte man argumentieren, »dann ist es wohl am klügsten, dass wir uns auf unsere Stärken und auf das Leben konzentrieren. Wenn der Tod kommt, haben wir dann wenigstens die Gewissheit, dass wir uns sehr angestrengt und etwas erreicht haben.«

»Seid euch da nur nicht zu sicher!«, lautete Salomos Antwort. »Ihr könnt nicht für das garantieren, was im Leben geschieht, denn das Leben ist unvorhersehbar.«

Als Erstes sind unsere *Fähigkeiten* keine Erfolgsgarantie (V. 11-12). Es ist zwar im Allgemeinen richtig, dass die schnellsten Läufer das Rennen gewinnen, die stärksten Soldaten in der Schlacht siegen und die klügsten und versiertesten Arbeiter die besten Arbeitsstellen bekommen; aber es ist ebenfalls richtig, dass dieselben fähigen Leute elend versagen können aufgrund von Faktoren, die sich ihrem Einfluss entziehen. Der erfolgreiche Mensch weiß, wie er *»Zeit und Verhalten«* optimal nutzt (8,5), doch nur der Herr kann *»Zeit und Geschick«* kontrollieren (V. 11).

Salomo hatte bereits bestätigt, dass es bei Gott für alles eine Zeit gibt (3,1-8) und ein Ziel, das zu dieser Zeit erreicht wird (8,6), und dass Gott am Ende alles schön gemacht hat (3,11). Das Wort *»Geschick«* bedeutet lediglich Geschehnis oder Ereignis. Es hat nichts mit Glück zu tun. Wir sagen vielleicht: »Ich war zufällig zur richtigen Zeit am richtigen Ort und habe die Stelle bekommen. Meine Fähigkeiten hatten nur wenig damit zu tun!«

Natürlich verlassen sich Christen nicht auf solche Dinge wie »Glück« oder »Zufall«, weil sie auf die liebende Vorsehung Gottes vertrauen. Ein gläubiger Christ führt keine Hufeisen mit sich und vertraut auch nicht auf Glückstage oder -zahlen. Der kanadische Humorist Stephen Leacock sagte: »Ich glaube sehr an das Glück. Ich stelle fest, dass ich umso mehr habe, je mehr ich arbeite.« Christen vertrauen darauf, dass Gott sie leitet und ihnen hilft, Entscheidungen zu treffen, und sie glauben, dass sein Wille für sie das Beste ist. Sie überlassen *»Zeit und Geschick«* seinen fähigen Händen.

Wer weiß schon, wann es Probleme geben wird, die all unsere großartigen Pläne zerschlagen (V. 12)? Fische verfangen sich im Netz, und Vögel werden in der Falle gefangen, wenn sie es am wenigsten erwarten. Ebenso verstricken sich Menschen *»zur Zeit des Unglücks«*, also in überraschenden Ereignissen, die sich außerhalb ihrer Kontrolle befinden. Deshalb sollten wir uns die Ermahnung gegen das Prahlen zu Herzen nehmen (Jak 4,13-17).

Zweitens sind unsere *Möglichkeiten* keine Erfolgsgarantie (V. 13-18). Es wird nicht deutlich, ob der Weise tatsächlich die Stadt rettete oder ob er es nur hätte tun können, aber der Bitte nicht entsprach. Ich neige zur zweiten Interpretation, weil sie besser zu den Versen 16-18 passt. (Das Hebräische lässt die Übersetzung »hätte« zu.) Die kleine Stadt wurde belagert und der Weise hätte sie retten können, aber niemand achtete auf ihn. Vers 17 lässt den Schluss zu, dass ein Herrscher mit einem lauten Mundwerk die Aufmerksamkeit aller auf sich zog und die Menschen in die Niederlage führte. Der Weise sprach leise und wurde ignoriert. Er hatte die Möglichkeit zur Größe, aber er wurde von einem einzigen lauten, unwissenden Mann daran gehindert.

»Ein Sünder [der laute Herrscher] *verdirbt viel Gutes«* (V. 18) ist eine Wahrheit, die sich die gesamte Bibel hindurch immer wieder beweist, beginnend mit Adam und seinem Ungehorsam gegenüber Gott (1Mo 3; Röm 5). Achan sündigte und brachte dem israelitischen Heer die Niederlage (Jos 7). Davids Sünde brachte Israel Schwierigkeiten (2Sam 24), und Absaloms Aufstand führte die Nation in einen Bürgerkrieg (2Sam 15 ff.).

Da der Tod unvermeidlich und das Leben unvorhersehbar ist, bleibt uns nur, uns in die Hände Gottes zu ergeben und durch Glauben in seinem Wort zu wandeln. Wir leben nicht durch Erklärungen, sondern durch Verheißungen. Wir hängen nicht vom Glück ab, sondern vom vorsehenden Wirken unseres liebenden Vaters, während wir auf seine Verheißungen vertrauen und seinem Willen gehorchen.

Wenn wir durch Glauben wandeln, brauchen wir uns vor unserem *»letzten Feind«* nicht zu fürchten, denn Jesus Christus hat den

Tod überwunden. *»Fürchte dich nicht! Ich bin der Erste und der Letzte und der Lebendige, und ich war tot, und siehe, ich bin lebendig von Ewigkeit zu Ewigkeit«* (Offb 1,17-18). Weil er lebendig ist und wir in ihm leben, blicken wir nicht auf das Leben und sagen: *»Nichtigkeit der Nichtigkeiten, alles ist Nichtigkeit!«*

Stattdessen leben wir das Vertrauen, das der Apostel Paulus ausdrückte: *»Gott aber sei Dank, der uns den Sieg gibt durch unseren Herrn Jesus Christus! Daher, meine geliebten Brüder, seid fest, unerschütterlich, allezeit überreich in dem Werk des Herrn, da ihr wisst, dass eure Mühe im Herrn nicht vergeblich ist!«* (1Kor 15,57-58).

ELF

Prediger 10

Ein wenig Torheit ist eine gefährliche Sache

Bevor er seine Botschaft beendete, hielt Salomo es für weise, seine Zuhörer noch einmal an die Wichtigkeit der Weisheit und die Gefährlichkeit der Torheit zu erinnern. (Das Wort *»Torheit«* wird in diesem Kapitel ca. neun Mal verwendet.) In Vers 1 stellte er als Grundprinzip fest, dass Torheit für jene, die sie begehen, Probleme schafft. Der Prediger hatte schon einmal einen guten Namen mit einem duftenden Salböl verglichen (7,1), also benutzte er dieses Bild nochmals. Was tote Fliegen für das Salböl, ist Torheit für den Ruf des Weisen. Der Schluss ist logisch: Weise Menschen halten sich von der Torheit fern!

Warum ist der eine Mensch töricht und der andere weise? Alles hängt von der Neigung des Herzens ab (V. 2). Salomo bezog sich nicht auf das Organ im Körper, denn jedermanns Herz sitzt – außer bei Menschen mit einem möglichen Geburtsfehler – am gleichen Fleck. Darüber hinaus hat das Körperorgan nichts mit Weisheit oder Torheit zu tun. Salomo bezog sich auf das Zentrum des menschlichen Lebens, den »Hauptschalter« in uns, die *»Quelle des Lebens«* (Spr 4,23).

In der Antike war die Rechte der Ort von Macht und Ehre, wohingegen die Linke Schwäche und Ablehnung symbolisierte (Mt 25,33.41). Viele Menschen hielten die Linke für »unheilvoll«. Da der Tor keine Weisheit in seinem Herzen hat, wird er von dem angezogen, was falsch ist (zu seiner Linken), und bekommt Probleme (siehe 2,14). Andere Menschen versuchen, ihn auf den rechten Weg zu bringen, aber er weigert sich, auf sie zu hören, und das sagt jedem, dass er ein Tor ist (V. 3).

Nachdem er das Grundprinzip dargelegt hat, wandte Salomo es auf vier unterschiedliche »Toren« an.

1. Der törichte Herrscher (Pred 10,4-7)

Wenn es einen Menschen gibt, der Weisheit nötig hat, dann ist es der Herrscher einer Nation. Als Gott Salomo fragte, welche Gabe er sich besonders wünschte, bat der König um Weisheit (1Kö 3,3-28). Der frühere amerikanische Präsident Lyndon B. Johnson sagte: »Die schwerste Aufgabe eines Präsidenten besteht nicht darin, das Richtige zu *tun*, sondern zu *wissen*, was das Richtige ist.« Das erfordert Weisheit.

Wenn ein Herrscher *stolz* ist, tut und sagt er möglicherweise törichte Dinge, wodurch er die Achtung seiner Verbündeten verliert. Hier ist von einem stolzen Herrscher die Rede, der allzu leicht zornig wird und seinen Zorn an seinen Gefolgsleuten auslässt, die ihn umgeben. Wie kann ein Mann überhaupt hoffen, sein Volk zu beherrschen, wenn er sich noch nicht einmal selbst beherrschen kann? *»Besser ein Langmütiger als ein Held, und besser, wer seinen Geist beherrscht, als wer eine Stadt erobert«* (Spr 16,32). *»Eine aufgebrochene Stadt ohne Mauer, so ist ein Mann ohne Selbstbeherrschung«* (Spr 25,28).

Deshalb brauchen sich aber seine Diener nicht wie Toren zu benehmen! Tatsächlich könnten sie nichts Schlimmeres tun (Pred 8,3). Weitaus besser ist es, wenn sie sich zurückhalten, an ihrem Platz bleiben und versuchen, die Situation zu besänftigen. *»Durch langen Atem wird ein Richter überredet, und eine sanfte Zunge zerbricht Knochen«* (Spr 25,15). *»Der Zorn des Königs ist ein Todesbote; aber ein weiser Mann wendet ihn ab«* (Spr 16,14).

Sicher gibt es einen gerechten Zorn, der manchmal auch gezeigt werden muss (Eph 4,26), aber nicht alles, was wir als »gerechte Empörung« bezeichnen, ist wirklich »gerecht«. Es ist so einfach, seiner Eifersucht und Bosheit freien Lauf zu lassen, indem man sie als heiligen Eifer für Gott darstellt. Nicht jeder religiöse Kreuzritter ist durch Liebe zu Gott oder Gehorsam gegenüber Gottes Wort motiviert. Sein Eifer könnte eine Maske sein, die versteckten Zorn oder Eifersucht verdeckt.

Wenn ein Herrscher jedoch zu *nachgiebig* ist, ist er ebenfalls ein Tor (V. 5-7). Wenn es ihm an Persönlichkeit und Mut mangelt, wird er Toren in hohe Ämter einsetzen und qualifizierte Leute in niedrige Positionen. Die Diener werden auf Pferden reiten, während die Obersten zu Fuß gehen (siehe Spr 19,10 und 30,21-22). Wenn ein Herrscher von unfähigen Leuten beraten wird, wird er die Nation mit an Sicherheit grenzender Wahrscheinlichkeit nicht weise führen.

Salomos Sohn Rehabeam war stolz und unnachgiebig, was zur Teilung des Königreiches führte (1Kö 12,1-24). Statt dem Rat der weisen Berater zu folgen, hörte er auf seine jugendlichen Freunde. Er zwang die Alten, zu Fuß zu gehen, und setzte die Jungen auf die Pferde. Andererseits ist so mancher König in der Geschichte des Volkes Israel so nachgiebig gewesen, dass er sich als Marionette erwies. Die besten Herrscher (und Führer) sind Männer und Frauen, die fest im Geist und weich im Herzen sind; die die besten Leute auf Pferde setzen und sich nicht dafür entschuldigen.

2. Törichte Arbeiter (Pred 10,8-11)

Bibelgelehrte sind sich uneins darüber, was Salomo in diesem anschaulichen Abschnitt ausdrücken will. Wollte er sagen, dass jeder Beruf seine Risiken birgt? Falls ja, welche Lektion wollte er lehren, und warum uferte er so sehr aus, um das Offensichtliche zu beschreiben? Sein Thema ist *Torheit*, und er lehrte ganz sicher nicht, dass schwere Arbeit töricht ist, weil man sich dabei verletzen kann! Das ganze Buch hindurch betonte Salomo die Wichtigkeit ehrlicher Arbeit und die Freuden, die damit einhergehen können. Warum sollte er dieser Botschaft widersprechen?

Ich glaube, dass Salomo Menschen beschrieb, die sich bemühten, ihre Arbeit zu tun und dabei litten, *weil sie töricht waren*. Ein Mann grub eine Grube, vielleicht einen Brunnen oder einen Lagerplatz für Getreide, doch er fiel selbst hinein in diese Grube. Warum? Weil es ihm an Weisheit mangelte und er keine angemessenen Vorkehrungen getroffen hatte. Die Bibel benutzt dies häufig als Bild für gerechte Strafe, doch das scheint hier nicht die Lektion zu sein. (Siehe Ps 7,16; 9,16-17; 10,2; 35,8; 57,7; Spr 26,27; 28,10.)

Ein anderer Mann riss eine Mauer ein, vielleicht beim Umbau seines Hauses, und wurde von einer Schlange gebissen. Schlangen nisten sich häufig in verborgenen Spalten und Ecken ein, deshalb hätte der Mann vorsichtiger sein müssen. Er war allzu selbstsicher und achtete nicht auf das, was sich vor ihm befand.

Vers 9 nimmt uns mit in die Steinbrüche und die Wälder, wo achtlose Arbeiter sich beim Steinebrechen und beim Holzspalten verletzen. Vers 10 beschreibt uns das Musterbild eines törichten Arbeiters: Einen Mann, der versuchte, Holz mit einer stumpfen Axt zu spalten. Der weise Arbeiter würde seine Arbeit unterbrechen und die Schneide schleifen – wie es der in den Vereinigten Staaten bekannte Werbespruch formuliert: »Arbeite nicht schwerer, sondern arbeite klüger!«

Schlangenbeschwörer waren in jener Zeit eine übliche Unterhaltung (V. 11, und siehe Ps 58,5-6 und Jer 8,17). Schlangen haben keine Ohren, sondern nehmen Schallwellen hauptsächlich durch die Knochenstruktur ihres Kopfes wahr. Mehr als die Musik des Schlangenbeschwörers sind es die kontrollierten Bewegungen des Mannes (sich hin und her bewegen und »erstarren«), die die Aufmerksamkeit der Schlange bannen und sie unter Kontrolle halten. Es ist wirklich eine Kunst für sich.

Salomo beschrieb einen Schlangenbeschwörer, der von der Schlange gebissen wurde, bevor er Gelegenheit hatte, sie zu »beschwören«. Er riskierte nicht nur sein Leben, sondern konnte auch kein Geld von den Zuschauern erbitten (siehe V. 11). Sie würden ihn höchstens auslachen. Er war ein Tor, weil er sich zu sehr beeilte und sich benahm, als ob er die Schlange bereits unter Kontrolle hätte. Er wollte schnell sein Geld einsammeln und an einen anderen Standort eilen. Je mehr »Shows« er bot, umso größer war sein Verdienst. Stattdessen verdiente er nun gar nichts.

Manche Schlangenbeschwörer hatten einen Mungo dabei, der die Schlange genau zur richtigen Zeit »erwischte« und den Mann vor einem Biss »rettete«. Wenn der Mungo aus irgendeinem Grund seinen Einsatz verpasste, konnte die Schlange den Schlangenbeschwörer angreifen, und das war dann das Ende der Vorstellung. In jedem Falle war der Mann töricht.

Der gemeinsame Nenner all dieser »törichten Arbeiter« scheint die Unvorsichtigkeit zu sein. Sie waren zu selbstsicher, und am Ende verletzten sie sich oder machten sich die Arbeit unnötig schwer.

3. Törichte Redner (Pred 10,12-15)

Im Buch der Sprüche hatte Salomo einiges über das Reden der Toren zu sagen. In diesem Abschnitt wies er auf vier Merkmale ihrer Worte hin.

Zuerst einmal sind ihre Worte *zerstörerisch* (V. 12). Der Weise spricht gefällige Worte, die auf die Zuhörer und den Anlass abgestimmt sind (Spr 10,32; 25,11). Sowohl in persönlichen Unterhaltungen als auch in der öffentlichen Unterweisung wusste unser Herr stets das Rechte zur rechten Zeit zu sagen (Jes 50,4). Wir sollten uns bemühen, ihm nachzueifern. Der Tor jedoch platzt heraus mit allem, was ihm gerade durch den Kopf geht, und hält nicht inne, um zu überlegen, wen er damit verletzen könnte. Am Ende ist es der Tor selbst, der am meisten leidet: *»Die Lippen eines Toren verschlingen ihn selbst«* (Pred 10,12).

In der Bibel werden zerstörerische Worte mit Kriegswaffen verglichen (Spr 25,18), mit einem Feuer (Jak 3,5-6) und einem Tier voll tödlichen Gifts (Jak 3,7-8). Wir mögen versuchen, andere Menschen mit unseren Lügen, unserem Klatsch und unseren zornigen Worten zu verletzen, aber eigentlich verletzen wir uns selbst am meisten: *»Wer seinen Mund behütet, bewahrt sein Leben; wer seine Lippen aufreißt, dem droht Verderben«* (Spr 13,3). *»Wer seinen Mund und seine Zunge bewahrt, bewahrt vor Nöten seine Seele«* (Spr 21,23).

Die Worte des Toren sind auch *unvernünftig* (V. 13). Was er sagt, ergibt keinen Sinn. Und je länger er redet, desto verrückter klingt es. *»Der Anfang der Worte seines Mundes ist Torheit und das Ende seiner Rede böser Unsinn.«* Es wäre besser, wenn er schwiege, denn alles, was er sagt, lässt nur jeden wissen, dass er ein Tor ist (5,3). Paulus nannte diese Leute *»hohle Schwätzer und Betrüger«* (Tit 1,10), was J. B. Phillips übersetzt mit »der keine Autorität anerkennt, der Unsinn redet«.

Gelegentlich treffe ich auf meinen Reisen Leute, die bei jedem Thema, das sich ergibt, mitreden, als ob sie die größten Experten auf diesem Gebiet wären. Wenn die Rede auf die Bibel oder auf Religion kommt, warte ich in aller Ruhe darauf, dass sie dummes Zeug reden, und sie enttäuschen mich nur selten. Der jüdische Schriftsteller Shalom Aleichem sagte: »Man kann erkennen, wenn ein Tor spricht: Er macht viel Lärm, aber es kommt wenig Produktives heraus.«

Drittens sind seine Worte *unkontrolliert* (V. 14a). Der Tor *»macht viele Worte«*, ohne dass ihm bewusst ist, dass er nichts sagt: *»Bei vielen Worten bleibt Treubruch nicht aus, wer aber seine Lippen zügelt, handelt klug«* (Spr 10,19). Der Mensch, der seine Zunge beherrschen kann, kann auch seinen ganzen Leib beherrschen (Jak 3,1-2). Jesus sagte: *»Es sei aber eure Rede: Ja, ja! Nein, nein! Was aber darüber hinausgeht, ist vom Bösen«* (Mt 5,37).

Schließlich sind es auch *prahlerische* Worte (V. 14b-15). Törichte Menschen sprechen über die Zukunft, als ob sie entweder schon alles darüber wüssten oder das zukünftige Geschehen beherrschen würden. *»Rühme dich nicht des morgigen Tages! Denn du weißt nicht, was ein Tag gebiert«* (Spr 27,1). Salomo hatte schon einige Male zuvor des Menschen Unwissenheit bezüglich der Zukunft betont (3,22; 6,12; 8,7; 9,12), eine Wahrheit, die weise Menschen akzeptieren und törichte Menschen ablehnen (siehe Jak 4,13-17).

Hier findet sich ein Körnchen Humor. Der Tor prahlt mit seinen Zukunftsplänen und ermüdet andere Menschen mit seinem Gerede, aber er findet noch nicht einmal den Weg in die Stadt. In biblischen Zeiten waren die Straßen, die in die Städte führten, gut ausgeschildert, damit jeder Reisende den Weg finden konnte, doch der Tor ist so sehr damit beschäftigt, über die Zukunft zu sprechen, dass er sich in der Gegenwart verirrt. *»Der nicht zur Stadt zu gehen weiß«* war wahrscheinlich ein antikes Sprichwort über Dummheit, ähnlich unserem: »Er ist so dumm, dass es schon weh tut.«

4. Törichte Oberste (Pred 10,16-20)

Salomo hat bereits törichte Herrscher beschrieben. Nun offenbart er die Torheit der Obersten, die unter diesen Herrschern dienen, der Bürokraten, die Teil des Räderwerks des Königreiches waren. Er nannte vier Merkmale dieser törichten Männer.

Wohlleben (V. 16-17). Wenn der König noch nicht reif ist, werden die Menschen, mit denen er sich umgibt, diese Unreife reflektieren und ihn ausnutzen. Wenn er jedoch ein wahrer Edelmann ist, wird er sich mit edlen Obersten umgeben, für die das Wohl des Landes an erster Stelle steht. Wahre Führer nutzen ihre Autorität, um die Nation aufzubauen, wohingegen reine Amtsinhaber die Nation benutzen, um ihre Autorität aufzubauen. Sie nutzen öffentliche Gelder für ihre eigenen egoistischen Zwecke, veranstalten Feste und vergnügen sich.

Es ist eine Strafe Gottes, wenn ein Volk unreife Führer bekommt (Jes 3,1-5). Dies kann einer Nation ebenso wie einer Gemeinde zustoßen. Die Bezeichnung *»Ältester«* (Tit 1,5ff.) drückt Reife und Erfahrung im Christenleben aus, und es ist falsch, wenn ein Glaubender zu früh in eine Führungsposition gedrängt wird (1Tim 3,6). Alter ist kein Garant für Reife (1Kor 3,1-4; Hebr 5,11-14), und die Jugend übertrifft manchmal das Alter in Bezug auf geistlichen Eifer. Oswald Chambers sagte: »Geistliche Reife wird nicht durch das Vergehen der Jahre, sondern durch Gehorsam gegenüber dem Willen Gottes erreicht.« Nicht nur Alter, sondern Reife zählt.

Die englischsprachige Bibelübersetzung *New International Version* übersetzt Vers 16 mit: »Wehe dir, oh Land, dessen König ein Diener war.« Damit wird angedeutet, dass dieser Diener mit Hilfe seiner Freunde König wurde (vgl. 4,13-14). Nun war er verpflichtet, ihnen allen Ämter zu geben, damit er auf dem Thron bleiben konnte. Trotz ihres selbstsüchtigen und kostspieligen Wohllebens konnten diese Unterstützer nicht entlassen werden, weil die Sicherheit des Königs von ihnen abhing. Dem Sieger gehört die Beute!

Inkompetenz (V. 18). Diese törichten Obersten sind so mit ihrem Wohlleben beschäftigt, dass sie keine Zeit für ihr Amt haben, und sowohl die Gebäude als auch die Organisation beginnen zu zerfallen.

»Wer sich auch nur lässig zeigt bei seiner Arbeit, der ist ein Bruder des Verderbers« (Spr 18,9). Es besteht ein Unterschied zwischen jenen, die eine Position *ausfüllen* und denen, die sie lediglich *inne haben* (1Tim 3,10). Unreife Leute genießen die Privilegien und ignorieren die Verantwortung, wohingegen reife Menschen die Verantwortung als Privileg sehen und sie nutzen, um anderen Menschen zu helfen.

Woodrow Wilson schrieb: »Einer meiner Freunde sagt, dass jeder Mann, der in Washington ein Amt erhält, entweder wächst oder anschwillt; wenn ich einem Mann ein Amt übergebe, beobachte ich ihn aufmerksam, um zu sehen, ob er anschwillt oder wächst.«

Gleichgültigkeit (V. 19). Dieser Vers erklärt die persönliche Philosophie der törichten Obersten: Iss, so viel du kannst; genieße, so viel du kannst; nimm, so viel du kannst. Sie stehen der Verantwortung ihres Amtes oder den Bedürfnissen des Volkes vollkommen gleichgültig gegenüber. In der jüngeren Vergangenheit haben verschiedene Entwicklungsländer erlebt, wie leicht es für skrupellose Führer ist, Regierungsgelder zu stehlen, um ihre eigenen Königreiche zu bauen. Leider haben einige religiöse Organisationen kürzlich das Gleiche erfahren.

»Denn eine Wurzel alles Bösen ist die Geldliebe« (1Tim 6,10). Der Prophet Amos tadelte heftig die schlechten Herrscher seiner Zeit, die auf den Köpfen der Geringen herumtrampelten und sie wie den Staub der Erde behandelten (Am 2,7, und siehe 4,1; 5,11-12). Die Gerichte können sich nicht mit allen skrupellosen Politikern befassen, doch Gott wird sie schließlich richten, und sein Urteil wird gerecht sein.

Unbesonnenheit (V. 20). Die gängige Formulierung »ein kleines Vögelchen hat es mir ins Ohr gezwitschert« ist wohl von diesem Vers abgeleitet. Man kann sich gut vorstellen, wie eine Gruppe dieser Obersten in privater Umgebung gemeinsam feiert und den König verflucht, statt auf ihn anzustoßen. Natürlich hätten sie das nicht getan, wenn einer der Freunde des Königs zugegen gewesen wäre, aber sie waren sicher, dass alle Anwesenden das Geheimnis gut hüten würden. Doch jemand erzählte dem König davon, und dies gab ihm einen Grund, sie zu bestrafen oder sie aus ihren Ämtern zu entlassen.

Wenn wir die Person im Amt nicht achten, so müssen wir doch das Amt an sich achten (Röm 13,1-7; 1Petr 2,13-17). »*Gott sollst du nicht lästern, und einem Fürsten in deinem Volk sollst du nicht fluchen*« (2Mo 22,27). Diese Günstlinge waren eindeutig unbesonnen, als sie den König verfluchten, denn sie hätten wissen müssen, dass einer unter ihnen dieses Vorkommnis nutzen würde, um entweder seine Freunde einzuschüchtern oder sich beim Herrscher einzuschmeicheln. Ein Staatsmann fragt: »Was ist am besten für mein Land?« Ein Politiker fragt: »Was ist am besten für meine Partei?« Doch ein reiner Amtsinhaber, ein bezahlter Günstling, fragt: »Was ist am sichersten und am profitabelsten für mich?«

Damit schließt Salomos Analyse seines vierten Arguments dafür, dass das Leben nicht lebenswert ist, angesichts der »*Gewissheit des Todes*« (2,12-23). Er ist zu dem Schluss gekommen, dass das Leben tatsächlich lebenswert ist, obwohl der Tod unvermeidlich (9,1-10) und das Leben Unvorhersehbares enthält (9,11-18). Wir müssen dabei Torheit vermeiden (Kapitel 10) und durch die Weisheit Gottes leben.

Dies ist auch das Ende des zweiten Teils dieser Abhandlung. Er hat die vier Argumente in den Kapiteln eins und zwei beleuchtet und ist zu der Feststellung gelangt, dass das Leben trotz allem wirklich lebenswert ist. Das Beste, was wir tun können, ist Gott zu vertrauen, unsere Arbeit zu verrichten, anzunehmen, was Gott uns schickt und jeden Tag unseres Lebens zur Ehre Gottes zu genießen (3,12-15.22; 5,18-19; 8,15; 9,7-10). Dem Prediger bleibt nur noch, seinen Vortrag mit einer praktischen Anwendung zu schließen, und dies tut er in den Kapiteln elf und zwölf. Er wird die unterschiedlichen Fäden der Wahrheit, die er in seine Predigt eingewoben hat, zusammenfügen und uns zeigen, was Gott von uns erwartet, damit wir zufrieden werden.

ZWÖLF

Prediger 11–12

Worum es im Leben geht

»Ist das Leben lebenswert?«

Das war die Frage, die der Prediger aufwarf, als er mit der Abhandlung begann, die wir das Buch Prediger nennen. Nachdem er experimentiert und das Leben *»unter der Sonne«* erforscht hatte, kam er zu dem Schluss: »Nein, das Leben ist *nicht* lebenswert!« Er nannte vier Argumente, um seine Feststellung zu untermauern: die Eintönigkeit des Lebens, die Nichtigkeit der Weisheit, die Sinnlosigkeit des Reichtums und die Gewissheit des Todes.

Als weiser Mann überprüfte Salomo seine Argumente und brachte diesmal Gott ins Spiel. Was für ein Unterschied! Ihm wurde bewusst, dass das Leben nicht eintönig, sondern mit Herausforderungen von Gott erfüllt war, jede zu ihrer eigenen Zeit und jede zu ihrem eigenen Zweck. Ihm wurde außerdem klar, dass man Wohlstand genießen und zur Ehre Gottes einsetzen kann. Obwohl die menschliche Weisheit nicht alles erklärt, schloss Salomo, dass es besser war, Gottes Weisheit zu folgen, als die menschliche Torheit zu praktizieren. In Bezug auf die Gewissheit des Todes ist zu sagen, dass man ihm keinesfalls entgehen kann; das sollte uns dazu motivieren, das Leben jetzt zu genießen und das Beste aus den Möglichkeiten zu machen, die Gott uns schenkt.

Nun war Salomo bereit für seine Schlussfolgerung und seine persönliche Anwendung. Er präsentierte *vier Bilder des Lebens* und versah jedes mit einer praktischen Ermahnung für seine Zuhörer (und Leser). Die Entwicklung sieht wie folgt aus:

Das Leben ist ein ABENTEUER: Lebe durch Glauben! (11,1-6)
Das Leben ist ein GESCHENK: Genieße es! (11,7–12,8)

Das Leben ist eine SCHULE: Lerne deine Lektionen! (12,9-12)
Das Leben ist ein VERWALTERAMT: Fürchte Gott! (12,13-14)

Diese vier Bilder entsprechen den vier Argumenten, mit denen Salomo dieses gesamte Buch hindurch gerungen hatte. Das Leben ist nicht eintönig; stattdessen ist es ein Abenteuer des Glaubens, das alles andere als vorhersehbar oder langweilig ist. Sicher, der Tod ist gewiss, doch das Leben ist ein Geschenk Gottes, und er möchte, dass wir es genießen. Gibt es Fragen, die wir nicht beantworten können, und Probleme, die wir nicht lösen können? Verzweifeln Sie nicht. Während wir uns in der in der »Schule des Lebens« weiterentwickeln, lehrt Gott uns seine Wahrheit, und er wird uns genug Weisheit schenken, damit wir vernünftige Entscheidungen treffen zu können. Was schließlich den Reichtum betrifft, so ist das ganze Leben eine von Gott gegebene Verantwortung, und eines Tages werden wir ihm Rechenschaft ablegen müssen. Deshalb: *»Fürchte Gott und halte seine Gebote!«* (12,13).

1. Das Leben ist ein Abenteuer: Lebe durch Glauben! (Pred 11,1-6)

Als ich ein Junge war, lebte ich während der Sommermonate praktisch in der öffentlichen Bücherei. Ich liebte Bücher, das Gebäude war kühl und der Bibliothekar ließ mir alle Freiheiten, weil ich einer seiner besten Kunden war. In einem dieser Sommer las ich nur wahre Abenteuergeschichten, verfasst von echten Helden wie Frank Buck und Martin Johnson. Diese Männer kannten den afrikanischen Dschungel besser als ich meine Heimatstadt! Ich war fasziniert von *I Married Adventure* (»Ich heiratete das Abenteuer«), der Autobiographie von Martin Johnsons Ehefrau Osa. Als Clyde Beatty mit seinem Zirkus in die Stadt kam, saß ich in der ersten Reihe und beobachtete, wie er die Löwen »zähmte«.

Seit den Tagen meiner Kindheit ist mein Leben erheblich ruhiger geworden, aber ich habe diese Abenteuerlust niemals verloren.

Im Gegenteil, während ich älter werde, bitte ich Gott, mich davor zu bewahren, dass ich erstarre in einem Leben voll Routine, langweilig und vorhersehbar. »Ich möchte nicht, dass mein Leben in einem Sumpf endet«, sagte der britische Ausleger F. B. Meyer. Ich stimme ihm zu. Als ich mich Jesus Christus als meinem Heiland anvertraut habe, habe ich »das Abenteuer geheiratet«, und das bedeutete, durch Glauben zu leben und das Unerwartete zu erwarten.

Salomo benutzte zwei Berufe, um seine These zu belegen: den Kaufmann, der seine Schiffe aussendet (V. 1-2) und den Bauern, der sät (V. 3-6). Beide Tätigkeiten erfordern ein hohes Maß an Glauben, denn weder der Kaufmann noch der Bauer kann die Umstände kontrollieren. Die Schiffe können auf ein Riff laufen oder von Piraten angegriffen werden, und die Ladung geht verloren. Schlechtes Wetter, Fäulnis oder Insekten können die Ernte ruinieren, und die Arbeit des Bauern wäre dann vergebens gewesen. Wenn der Kaufmann und der Bauer allerdings warten würden, bis die Bedingungen ideal wären, würden sie nie etwas erreichen! Zum Leben gehört ein gewisses Risiko, und hier kommt der Glaube ins Spiel.

Der Kaufmann (V. 1-2). *»Wirf dein Brot hin auf die Wasserfläche«* kann man interpretieren als »schicke dein Getreide in Schiffen los«. Salomo selbst war in unterschiedlichen Formen des Handels aktiv, deshalb war es für ihn naheliegend, diesen Vergleich heranzuziehen (1Kö 10,15.22). Es dauerte Monate, bis die Schiffe mit ihrer kostbaren Fracht zurückkehrten, doch wenn es dann so weit war, wurden der Glauben und die Geduld des Kaufmanns belohnt. Vers 2 lässt darauf schließen, dass er seinen Reichtum streute und nicht alles in dasselbe Unternehmen investierte. Immerhin ist wahrer Glaube nicht dasselbe wie Unvorsichtigkeit.

»Denn du weißt nicht« ist in diesem Abschnitt eine Schlüsselformulierung (V. 2.5.6). Der Mensch kennt die Zukunft nicht, aber er darf nicht zulassen, dass ihn seine Unwissenheit so furchtsam macht, dass er entweder achtlos oder gelähmt wird. Andererseits sollte uns die Tatsache, dass wir die Zukunft nicht kennen, bei unserem Planen und Tun vorsichtig sein lassen. Vers 2 kann man interpretieren mit: »Sende Fracht auf sieben oder acht Schiffen, denn einige von ihnen

werden eine gute Rendite bringen.« Anders gesagt: »Setze nicht alles auf ein Pferd«.

Der Bauer (V. 3-6). Daniel Webster nannte Bauern »die Begründer der Zivilisation«, und Thomas Jefferson sagte, dass sie »die Auserwählten Gottes« seien. Landwirtschaft ist niemals leichte Arbeit gewesen, und dies traf im Heiligen Land der biblischen Zeiten ganz besonders zu. Die Juden bestellten felsigen Boden und waren abhängig von den Früh- und den Spätregen, die ihre Saat wässerten. Niemand kann das Wetter vorhersagen, geschweige denn es kontrollieren, und der Bauer ist von der Gnade der Natur abhängig.

Vers 3 stellt die Wolken dem Baum gegenüber. Wolken wechseln ständig. Sie kommen und gehen, und der Bauer hofft, dass sie ihr wertvolles Wasser über seinen Feldern ausgießen. Bäume haben etwas Dauerhaftes. Solange kein Sturm sie fällt, stehen sie am selben Ort; andernfalls bleiben sie an einer Stelle liegen und verfaulen. Die Vergangenheit [den Baum] kann man nicht ändern, doch die Gegenwart [die Wolken] steht uns zur Verfügung, und wir müssen jede Möglichkeit nutzen.

Wir sollen jedoch nicht herumsitzen und auf die idealen Bedingungen warten (V. 4). Der Wind steht für den Sämann niemals gut, und die Wolken sind niemals perfekt für den Erntenden. Wenn man nach einer Entschuldigung fürs Nichtstun sucht, findet man sie. Billy Sunday sagte, dass eine Entschuldigung »die Hülle eines Grundes, ausgestopft mit einer Lüge« sei. Das Leben ist ein Abenteuer, und häufig müssen wir uns durch Glauben auf den Weg machen, auch wenn die Umstände widrig scheinen.

Ebenso wenig wie jemand *»den Weg des Windes«* (V. 5, und siehe Joh 3,8) kennt oder weiß, wie ein Fötus im Mutterleib entsteht (Ps 139,14-15), kennt auch niemand das Wirken Gottes in seiner Schöpfung. Gott hat für alles eine Zeit und ein Ziel (3,1-11), und wir sollen durch Glauben an sein Wort leben. Nutze deshalb jeden Tag weise (V. 6). Stehe am Morgen auf und säe deinen Samen und arbeite hart bis zum Abend. Tu, was ansteht, und *»kaufe die Zeit aus«* (Eph 5,15-17), wobei wir darauf vertrauen sollen, dass Gott wenigstens einige der Pflichten, die wir erfüllen, segnet. Ebenso wie der Kaufmann nicht nur ein einziges Schiff losschickt, pflanzt der Bauer nicht nur eine Getreideart an.

Das Leben ist ein Abenteuer des Glaubens, und jeder von uns ist wie ein Kaufmann, der heute in das investiert, was morgen Rendite bringt. Wir sind wie der Bauer, der mehrere Sorten Samen auf unterschiedlichen Boden sät und für die Ernte auf Gott vertraut (Gal 6,8-9; Ps 126,5-6; Hos 10,12). Wenn wir uns sorgten, dass der Wind einen Baum auf uns fallen lässt oder dass uns die Regenwolken durchnässen, würden wir niemals etwas zustande bringen. »Es gibt natürlich keine Formel für Erfolg«, sagte der berühmte Konzertpianist Arthur Rubinstein, »außer vielleicht eine bedingungslose Akzeptanz des Lebens und dessen, was es mit sich bringt.«

2. Das Leben ist ein Geschenk: Genieße es! (Pred 11,7–12,8)

Dies ist Salomos sechste und letzte Ermahnung, dass wir das Leben als ein Geschenk annehmen und lernen sollen, alles zu genießen, was Gott uns zukommen lässt (siehe 2,24; 3,12-15.22; 5,18-19; 8,15; 9,7-10). Um dies zu tun, müssen wir drei Anweisungen befolgen: uns freuen (11,7-9), uns fernhalten (11,10) und uns erinnern (12,1-8).

Freuen (11,7-9). Was für eine Freude ist es, jeden neuen Tag zu erwarten und ihn als eine neue Gabe Gottes anzusehen! Ich bekenne, dass mir nicht klar war, was es bedeutet, jeden Tag bewusst zu erleben, bis ich 1966 fast bei einem Autounfall umgekommen wäre. Er wurde von einem betrunkenen Fahrer verursacht, der eine Kurve mit 130 bis 150 Stundenkilometern nahm. Dank der Gnade Gottes trug ich keine größeren Verletzungen davon, doch mein Aufenthalt auf der Intensivstation und meine Genesungszeit zu Hause überzeugten mich von 5. Mose 33,25: »*Wie deine Tage so deine Kraft.*« Nun danke ich Gott jeden Morgen beim Erwachen für den neuen Tag und bitte ihn, mir zu helfen, diesen Tag weise zu seiner Ehre zu nutzen und ihn als sein Geschenk zu genießen.

Salomo wies insbesondere die jungen Leute an, die Tage der Jugend zu nutzen, bevor die »*Tage der Finsternis*« kommen. Er wollte damit nicht ausdrücken, dass junge Leute keine Probleme haben oder dass ältere Leute keine Freuden genießen. Er stellte nur ganz einfach und allgemein fest, dass die Jugend die Zeit des Genusses ist, bevor sich die Probleme des Alterns offenbaren.

Mein zweiter Vorname ist Wendell; ich wurde nach Wendell P. Loveless benannt, der viele Jahre lang mit dem *Moody Bible Institute* in Chicago verbunden war, insbesondere mit dem Radiosender WMBI. Er wurde über neunzig Jahre alt und war bis an sein Ende geistig rege. Bei einem unserer Besuche bei ihm sagte er zu meiner Frau und mir: »Ich gehe nicht mehr oft aus, weil meine Eltern es nicht erlauben – Mutter Natur und Vater Zeit!«

Junge Menschen müssen auf ihre Herzen und ihre Augen achten, weil diese sie zur Sünde verleiten können (4Mo 15,39; Spr 4,23; Mt 5,27-30). *»Lebe nach dem, was dein Herz wünscht«* ist keine Ermutigung, jugendlichem Leichtsinn freien Lauf zu lassen und den sündigen inneren Wünschen nachzugeben (Jer 17,9; Mk 7,20-23). Es soll junge Leute daran erinnern, die besonderen Vergnügungen zu genießen, die Teil der Jugend sind und später nie wieder auf diese Weise erlebt werden können. Jene unter uns, die älter sind, sollten sich daran erinnern, dass Gott von jungen Leuten erwartet, dass sie sich wie junge Leute benehmen. Die Tragödie besteht darin, dass allzu viele ältere Menschen versuchen, sich wie junge Leute zu benehmen!

Salomos Warnung beweist, dass er keine sündigen Gedanken im Sinn hat: *»Doch wisse, dass um all dieser Dinge willen Gott dich zur Rechenschaft ziehen wird!«*

Gott schenkt uns allen *»alles reichlich … zum Genuss«* (1Tim 6,17), doch es ist immer falsch, die Vergnügungen der Sünde zu genießen. Der junge Mensch, der das Leben nach dem Willen Gottes genießt, wird sich nicht sorgen müssen, wenn der Herr zurückkehrt.

Fernhalten (V. 10). Privilegien müssen durch persönliche Verantwortung ausgeglichen werden. Junge Leute müssen den Unmut aus ihrem Herzen entfernen (Mt 6,24-34) und Übel von ihrem Leib fernhalten (2Kor 7,1). Das Wort, das mit *»Unmut«* übersetzt wird, bedeutet »Verdruss, innerer Schmerz, Besorgnis«. Wenn wir im Willen Gottes leben, werden wir den Frieden Gottes in unseren Herzen haben (Phil 4,6-9). Die Sünden des Fleisches zerstören nur den Körper und können der Seele ewige Bestrafung bringen.

Der Satz *»Jugend und dunkles Haar sind Nichtigkeit«* bedeutet nicht, dass diese Abschnitte des Lebens unwichtig und verschwendete Zeit sind. Ganz im Gegenteil! Der beste Weg zu einem glücklichen Erwachsenenleben und einem zufriedenen Alter besteht in einem guten Start in früher Kindheit und dem Meiden von Dingen, mit denen man sich später Probleme einhandelt. Junge Leute, die auf ihren Geist und ihren Körper achten, meiden die zerstörerischen Sünden des Fleisches und entwickeln gute gesunde und heilige Gewohnheiten, wodurch sie eine bessere Chance haben, glückliche Jahre als Erwachsene zu erleben als jene, die »der Hafer sticht«.

Die Formulierung bedeutet »Jugend und dunkles Haar sind vergänglich«. Diese wertvollen Jahre vergehen allzu schnell und wir sollen nicht unsere Gelegenheiten verpassen, uns auf die Zukunft vorzubereiten. Das hebräische Wort, das übersetzt wird mit *»dunkles Haar«* (im Gegensatz zu grauem Haar) kann auch »Morgenröte« bedeuten. Die *»Zeit des dunklen Haars«* ist in der Tat die Zeit der »Morgenröte«, und bevor wir uns umsehen, beginnt die Sonne unterzugehen. Deshalb sollen wir aus diesen »Jahren der Morgenröte« das Beste machen, denn sie kehren niemals mehr zurück. »Jugendsünden legen den Grund für Altersleid«, sagte Charles Spurgeon, und er hatte Recht.

Erinnern (12,1-8). Diese dritte Anweisung bedeutet mehr als »an Gott denken«. Sie bedeutet »auf ihn hören; in Betracht ziehen mit der Absicht, gehorsam zu sein«. Sie ist Salomos Variante von Matthäus 6,33: *»Trachtet aber zuerst nach dem Reich Gottes und nach seiner Gerechtigkeit!«* Wie leicht ist es doch, den Herrn zu vernachlässigen, wenn man mit den Vergnügungen und Möglichkeiten der Jugend beschäftigt ist! Wir wissen, dass *»Tage der Finsternis«* (11,8) und *»Tage des Übels«* (12,1) kommen werden, deshalb sollten wir so früh wie möglich im Leben ein gutes geistliches Fundament legen. Während unserer Jugendjahre ist der Himmel hell (11,7), doch die Zeit wird kommen, wenn die Dunkelheit und ein Sturm nach dem anderen hereinbrechen.

Die Verse 3-7 schenken uns eine der fantasievollsten Beschreibungen des Alters und des Todes, die es in der gesamten Literatur gibt. Bibelgelehrte sind sich nicht über alle Einzelheiten der Interpretation einig, doch die meisten erkennen hier das Bild eines Hauses, das zerfällt und schließlich zu Staub wird. Ein Wohnort ist eine der biblischen Metaphern für den menschlichen Körper (Hi 4,19; 2Kor 5,1-2 [ein Zelt]; 2Petr 1,13 [ein Zelt]); und der Verfall eines Hauses oder das Abschlagen eines Zelts sind Bilder für den Tod. Die Bedeutung könnte lauten:

Wächter des Hauses – die Arme und Beine zittern
Starke Männer – die Beine, Knie und Schultern werden schwächer und man geht gebeugt
Müllerinnen – man verliert nach und nach seine Zähne
Fenster – die Sehkraft beginnt zu schwinden
Türen – entweder das Gehör lässt nach, oder man hält den Mund geschlossen, weil man seine Zähne verloren hat
Geräusch der Mühle – man kann sein Essen nicht mehr kauen, oder die Ohren können die Geräusche von draußen nicht mehr wahrnehmen
Ansteigen zur Vogelstimme – man wacht jeden Morgen frühzeitig mit den Vögeln auf und wünscht, man könnte länger schlafen
Töchter des Gesangs – die Stimme wird zittrig und schwächer
Sich fürchten – wenn man auf der Straße läuft, hat man Angst vor Steigungen und davor, hinzufallen
Mandelbaum – wenn man noch Haare hat, werden sie weiß wie die Blüten des Mandelbaums
Heuschrecke – man schleppt sich mühsam dahin, wie ein Grashüpfer am Ende des Sommers
Die Kaper platzt auf – man verliert seinen Appetit, oder vielleicht auch den Geschlechtstrieb
Ewiges Haus – man geht in sein ewiges Haus ein, und die Menschen betrauern den Tod

Vers 6 beschreibt eine goldene Schale – eine Lampe –, die an einer silbernen Schnur von der Decke hängt. Die Schnur zerreißt und die Schale zerspringt. Die zarte »Schnur des Lebens« ist zertrennt und das Licht des Lebens erlischt. Nur wohlhabende Menschen konnten sich solch teure Lampen leisten. Salomo will dadurch möglicherweise darauf hinweisen, dass der Tod nicht vor dem Status von Personen Halt macht.

Der Vers beschreibt außerdem einen Brunnen mit einem Schöpfrad und einen Wasserkrug. Eines Tages zerspringt das Schöpfrad, der Krug zerbricht und das Ende kommt. Der Brunnen voll Wasser war ein antikes Bild für Leben (Ps 36,9-10; Offb 21,6). Wenn das Räderwerk des Lebens anhält, hört das Wasser des Lebens auf zu fließen. Das Herz hört auf zu schlagen, das Blut hört auf zu fließen und der Tod ist gekommen. Der Geist verlässt den Körper (Jak 2,26; Lk 23,46; Apg 7,59), der Körper beginnt zu zerfallen und wird schließlich zu Staub.

Zum letzten Mal in seinem Vortrag sagte der Prediger: *»Nichtigkeit der Nichtigkeiten! Alles ist Nichtigkeit!«* Das Buch schließt mit seinen Anfangsworten (1,2) und betont dadurch die Leere eines Lebens ohne Gott. Wenn man auf das *»Leben unter der Sonne«* blickt, scheint tatsächlich alles nichtig, doch wenn man Jesus Christus als seinen Heiland kennt, *»ist eure Mühe im Herrn nicht vergeblich«* (1Kor 15,58).

3. Das Leben ist eine Schule: Lerne deine Lektionen! (Pred 12,9-12)

Jemand hat einst gesagt, dass das Leben wie eine Schule ist, außer dass man manchmal die Lektionen erst dann kennt, wenn man in der Prüfung versagt hat. Gott lehrt uns in erster Linie durch sein Wort, aber er lehrt uns auch durch die Schöpfung, durch die Geschichte und durch die unterschiedlichen Lebenserfahrungen. Salomo erklärte die Merkmale seiner eigenen Arbeit als Lehrer von Gottes Wahrheit.

Als Erstes ist zu sagen, dass seine Lehre *weise* war (V. 9), denn

Salomo war der Weiseste unter den Menschen (1Kö 3,3-28). Der König studierte und erforschte viele Themenbereiche, und manche seiner Schlussfolgerungen schrieb er in den Sprüchen nieder.

Seine Lehre war außerdem *methodisch* (V. 9). Nachdem er eine Sache erforscht hatte, erwog er seine Schlüsse gründlich und verfasste seine Sprüche dann in einer gewissen Ordnung. Seine ganze Herangehensweise war ausgesprochen wissenschaftlich. Wir erkennen nicht immer das Muster hinter seinem Aufbau, aber dennoch existiert es.

Salomo trachtete danach, *sorgfältig* zu lehren, deshalb benutzte er *»wohlgefällige Worte«*. Damit meinte er »angenehme« oder »gefällige« Worte (10,12), mit denen er die Aufmerksamkeit seiner Zuhörer und Leser erhielt. Dennoch verwässerte er an keiner Stelle seine Botschaft oder schmeichelte seinem Publikum. Stets benutzte er *aufrichtige Worte der Wahrheit.* (Siehe Spr 8,6-11.) Wie unser Herr Jesus Christus war der König in der Lage, *»Gnade und Wahrheit«* zu verbinden (Joh 1,17; Lk 4,16-32).

Der Prediger behauptete, dass seine Worte *inspiriert* seien, von Gott eingegeben, dem einen Hirten (V. 11). Inspiration war das besondere Wunderwirken des Heiligen Geistes, das Männer Gottes dazu befähigte, das Wort Gottes so niederzuschreiben, wie Gott es haben wollte, vollständig und fehlerfrei (2Tim 3,16-17; 2Petr 1,20-21).

Er verglich seine Worte mit *»Treiberstacheln«* und *»eingeschlagenen Nägeln«* (V. 11); beides ist notwendig, wenn Menschen Gottes Wahrheit erlernen sollen. Die *»Treiberstachel«* spornen die Menschen an, aufmerksam zu sein und der Wahrheit nachzustreben, während die *»eingeschlagenen Nägel«* dazu da sind, das Erlernte daran aufzuhängen. Gute Lehre erfordert beides: Die Lernenden müssen zum Lernen motiviert sein und die Lehrer müssen in der Lage sein, »Dinge festzunageln«, damit die Lektion einen Sinn ergibt.

Oberflächlich gesehen scheint Vers 12 ein negativer Blick auf das Lernen zu sein, aber das stimmt so nicht. Diese Feststellung ist eine Warnung für den Lernenden, nicht über das hinauszugehen, was Gott in seinem Wort geschrieben hat. Gewiss gibt es viele Bücher und es kann erschöpfend sein, viel darin zu studieren. Aber man sollte nicht zulassen, dass einem die Bücher der Menschen Gottes Weisheit rauben. *»Und darüber hinaus, mein Sohn, lass dich von ihnen warnen!«* (V. 12). Diese »Nägel« sind zuverlässig und man kann sich darauf verlassen. Stelle Gottes Wahrheit nicht auf die Probe anhand der »vielen Bücher«, die von Menschen geschrieben wurden; stelle die Bücher der Menschen auf die Probe anhand der Wahrheit von Gottes Wort.

Ja, das Leben ist eine Schule, und wir müssen uns demütigen und so viel lernen, wie wir nur können. Unser Lehrbuch ist die Bibel, und der Heilige Geist ist unser Lehrer (Joh 14,26; 15,26; 16,12-15). Der Heilige Geist kann begabte menschliche Lehrer dazu benutzen, uns zu unterweisen, doch er sehnt sich danach, uns persönlich aus seinem Wort zu lehren (Ps 119,97-104). Es gibt immer wieder neue Lektionen zu lernen und neue Prüfungen zu bestehen, während wir danach streben, in der Gnade und in der Erkenntnis unseres Heilandes zu wachsen (2Petr 3,18).

4. Das Leben ist ein Verwalteramt: Fürchte Gott! (Pred 12,13-14)

Wir sind nicht die Eigentümer unseres Lebens, weil das Leben ein Geschenk Gottes ist (Apg 17,24-28). Wir sind die Verwalter unseres Lebens, und eines Tages müssen wir Gott Rechenschaft ablegen darüber, was wir mit seinem Geschenk getan haben. Manche Menschen leben einfach ihr Leben, manche verschwenden ihr Leben; einige investieren ihr Leben. Corrie ten Boom sagte: »Das Maß eines Lebens ist letztlich nicht seine Dauer, sondern wie man mit diesem Geschenk umgeht.« Wenn unser Leben zählen soll, müssen wir drei Pflichten erfüllen.

Gott fürchten (V. 13). Das Buch Prediger endet, wo das Buch der Sprüche beginnt (Spr 1,7): mit einer Ermahnung an uns, den Herrn zu fürchten. (Siehe 3,14; 5,6; 7,18 und 8,12-13.) Die *»Furcht des Herrn«* ist die Verehrung und Ehrfurcht, die ihm seine Menschen erzeigen, weil sie Gott lieben und seine Macht und Größe achten. Der Mensch, der den Herrn fürchtet, wird auf sein Wort hören und ihm gehorchen. Er wird den Herrn nicht herausfordern, indem er ihm bewusst ungehorsam ist oder »mit der Sünde spielt«. Eine unheilige Furcht lässt die Menschen vor Gott davonlaufen, doch eine heilige Furcht lässt sie in liebender Unterordnung vor Gott hinknien.

»Das Bemerkenswerte an der Furcht Gottes«, schrieb Oswald Chambers, »besteht darin, dass man nichts anderes fürchtet, wenn man Gott fürchtet; wenn man jedoch Gott nicht fürchtet, fürchtet man sich vor allem anderen.« Der Prophet Jesaja drückt es in Jesaja 8,13 perfekt aus, und der Psalmist beschreibt einen solchen Menschen in Psalm 112.

Seine Gebote halten (V. 13). Gott schuf das Leben und er allein weiß, wie man damit umgehen soll. Er schrieb den »Leitfaden« dazu, und weise ist der Mensch, der es liest und gehorcht. »Wenn nichts mehr klappt, lesen Sie den Leitfaden!«

Die Furcht des Herrn muss zu einem gehorsamen Leben führen, sonst ist diese »Furcht« nur Schein. Der wahrhaft Gläubige wird täglich Zeit mit der Bibel verbringen wollen, um den Vater besser kennenzulernen und seinen Willen zu entdecken. *»Die Furcht des HERRN ist der Anfang der Erkenntnis«* (Spr 1,7).

Den letzten Satz in Vers 13 kann man übersetzen mit »das ist das Ende des Menschen« (d.h. sein Lebenszweck) oder mit »das soll jeder Mensch tun«. Campbell Morgan schlägt vor: »dies ist das Gesamte des Menschen«. Er schreibt in *The Unfolding Message of the Bible*: »Der Mensch in seiner Ganzheit muss mit Gott beginnen; der ganze Mensch, die Furcht Gottes« (S. 228). Als Salomo auf *»das Leben unter der Sonne«* blickte, war es ein Puzzle, und er konnte kein Muster erkennen. Als er jedoch aus Gottes Perspektive auf das Leben blickte, passte alles als Ganzes zusammen. Wenn der Mensch Ganzheit will, muss er mit Gott beginnen.

Uns auf das Gericht vorbereiten (V. 14). *»Gott wird den Gerechten und den Ungerechten richten«* (3,17). *»Doch wisse, dass um all dieser Dinge willen Gott dich zur Rechenschaft ziehen wird«* (11,9). Viele scheinen mit der Sünde davonzukommen (8,11), doch ihre Sünden werden offenbart und gerecht verurteilt werden. Jene, die nicht auf den Herrn Jesus Christus vertraut haben, werden auf ewig verloren sein.

»Die Ewigkeit der Strafe ist ein Gedanke, der das Herz zermalmt«, sagte Charles Spurgeon. »Der Herr Gott ist langmütig, doch wenn sein Zorn erst erregt ist, wie es gegen jene geschehen wird, die schließlich seinen Sohn ablehnen, wird er seine Allmacht einsetzen, um seine Feinde zu zerschmettern.«

Sechs Mal hat uns Salomo in seiner Abhandlung geraten, das Leben zu genießen, solange wir es können; doch an keiner Stelle hat er uns geraten, die Sünde zu genießen. Die Freuden der Gegenwart hängen ab von der Sicherheit der Zukunft. Wenn Sie Jesus Christus als Ihren Heiland kennen, sind Ihre Sünden bereits am Kreuz gerichtet worden und *»also gibt es jetzt keine Verdammnis für die, die in Christus Jesus sind«* (Röm 8,1, und siehe Joh 5,24). Wenn Sie jedoch sterben, ohne jemals Christus vertraut zu haben, werden Sie vor seinem Thron gerichtet werden und auf ewig verloren sein (Offb 20,11-15).

Ist das Leben lebenswert? Ja, *wenn Sie wahrhaftig lebendig sind durch Glauben an Jesus Christus*. Dann können Sie zufrieden sein unabhängig davon, was Gott in Ihrem Leben geschehen lassen mag.

»Wer den Sohn hat, hat das Leben; wer den Sohn Gottes nicht hat, hat das Leben nicht« (1Jo 5,12).

Sie können in Christus Leben empfangen und – *zufrieden sein!*

Fragen zum Bibelstudium

Erstes Kapitel

Ist das Leben lebenswert?

(Prediger 1,1-3)

1. Wie würden Sie das Leben beschreiben? (in 10-15 Wörtern)
2. Welche Paradoxa sehen Sie in Salomos Leben? (Beispiel: Er war sehr weise, aber er tat einige sehr törichte Dinge.)
3. Welche Anzeichen für Verzweiflung gibt es unter heutigen Menschen? (Was sieht man beispielsweise in der Zeitung oder im Fernsehen?)
4. Welche positiven Alternativen zur Verzweiflung wählen Menschen in diesem Leben?
5. Warum fühlte Salomo, der so viel besaß, eine solche Leere in seinem Leben?
6. Welchen Rat hätten Sie Salomo gegeben, damit er einen Sinn in seinem Leben finden konnte?
7. Sind Sie zufrieden mit Ihrem Leben? Falls nicht: Was würde Ihnen Zufriedenheit bringen?
8. Was halten Sie für den Hauptgrund dafür, dass manche Christen keinen »Sieg« in ihrem Alltagsleben verspüren?
9. Glauben Sie, dass der Durchschnittschrist von heute mehr oder weniger zufrieden ist als der Durchschnittschrist vor dreißig Jahren? Warum?
10. Wie würden Sie Salomos Einstellung zum Leben mit dem vergleichen, was Jesus lehrte?

Zweites Kapitel

In Kreisläufen leben

(Prediger 1,4-18)

1. Wie würden Sie Salomos Einstellung zum Leben beschreiben? (Benutzen Sie Adjektive wie *gelangweilt, müde* usw.)
2. Stimmen Sie Salomo zu, dass *»es gar nichts Neues unter der Sonne gibt«*? Warum bzw. warum nicht?
3. Haben Sie jemals das Gefühl, dass Ihr Leben »immer dasselbe« ist? Wie geht es Ihnen dann?
4. Wenn das Leben tatsächlich zyklisch verläuft und sich Geschichte immer wiederholt, warum lernen wir dann nicht aus unseren Fehlern?
5. Was ist wichtiger – was um Sie herum geschieht oder Ihre Haltung dazu? Warum?
6. Warum ist der Glaube im täglichen Zyklus des Lebens so wichtig?
7. Auf welche Arten versuchen Menschen, den täglichen Herausforderungen des Lebens zu »entfliehen«?
8. Welche *»gekrümmten«* Dinge in Ihrem Leben hat Jesus *»geradegebogen«*? (Siehe Pred 1,15.)
9. Welche moralischen Streitfragen/Dilemmas haben sich aus den modernen Entdeckungen oder wissenschaftlichen Entwicklungen des menschlichen Wissens ergeben? (Beispiel: Klonen)
10. Wie kann uns die Nachfolge Jesu davon abhalten, in sinnlosen Kreisläufen zu rotieren?

Drittes Kapitel

Vom Leben angewidert?

(Prediger 2,1-26)

1. Wie lautet Ihre Definition von *Freude*?
2. Inwiefern unterscheidet sich Ihre Definition von *Freude* möglicherweise von der eines Nichtchristen?
3. Damit Freude und Vergnügen erfüllend bleibt, muss sich die Intensität des Vergnügens stetig steigern. Welche Beispiele dafür sehen Sie in der heutigen Welt?
4. Arbeit ist ein Segen Gottes, aber inwiefern kann sie uns auch von ihm wegführen?
5. Als er König wurde, bat Salomo Gott lediglich um Weisheit. Warum schenkte ihm seine Weisheit in seinem späteren Leben keine Zufriedenheit?
6. Welche offensichtlichen Anzeichen gibt es in der heutigen Gesellschaft dafür, dass Wohlstand im Leben vieler Menschen mit den höchsten Stellenwert hat?
7. Wie kann Wohlstand zu einer Last für uns werden?
8. Welche Segnungen Gottes bereiten Ihnen großes Vergnügen?
9. Wie kommt es, dass man Wohlstand mehr genießen kann, wenn man Gott kennt?
10. Welche Einstellung haben Sie zu Ihrer Arbeit und zu Ihrem materiellen Besitz?

Viertes Kapitel

Zeit und Mühsal

(Prediger 3,1-22)

1. Was bedeutet Prediger 3,11 für Sie: *»Alles hat er schön gemacht zu seiner Zeit«*?
2. Auf welche Weise sind Sie sich der Ewigkeit bewusst? Sollten wir uns ihrer bewusster sein?
3. Was bedeutet es, *»nach dem Bild Gottes geschaffen«* zu sein?
4. Wie beeinflusst die Wahrnehmung der Ewigkeit unseren alltäglichen Lebensstil?
5. Haben Sie die gleiche Einstellung wie Salomo in Bezug auf die Ungerechtigkeit zu seiner Zeit (V. 16-17)? Warum bzw. warum nicht?
6. Warum vermeiden Menschen so häufig die Worte *Tod* oder *gestorben*? (Und benutzen stattdessen Worte wie *verschieden*, *dahingegangen* usw.)
7. Inwiefern beeinflusst es Ihre Einstellung zum Tod, dass Sie Christus kennen?
8. Was würden Sie in Ihrem Leben verändern, wenn Sie wüssten, dass Sie in einem Monat sterben?
9. Warum ist der Glaube entscheidend, um das Leben genießen und Zufriedenheit finden zu können?
10. »Diejenigen haben am meisten von ihrem Leben auf Erden, die am meisten über ihr Leben im Himmel nachdenken.« Was bedeutet das Ihrer Meinung nach? Stimmen Sie zu?

Fünftes Kapitel

Das Leben ist einfach nicht gerecht!

(Prediger 4,1-16)

1. Welche Ungerechtigkeiten erleben wir heutzutage in der Regierung?
2. Wie sollten Christen auf Ungerechtigkeit reagieren?
3. Warum, glauben Sie, arbeiten in unserer heutigen Gesellschaft so viele Leute so schwer?
4. Sehen Sie Unterschiede zwischen christlicher und nichtchristlicher Haltung zur Arbeit? Welche?
5. Wie kann ein Christ das angemessene Gleichgewicht zwischen Arbeit und Erholung (Zeit für Familie, Gemeinde usw.) erkennen?
6. Wann sollte ein Christ unabhängig sein, und wann sollte er sich zu anderen hinwenden?
7. Wie hat Gott Sie durch Freunde und Mitchristen gesegnet und Ihnen geholfen?
8. Warum fällt es uns manchmal schwer, auf andere Menschen zuzugehen?
9. Welche Vorstellung haben Sie von einem ausgeglichenen christlichen Leben?

SECHSTES KAPITEL

Haltet den Dieb!

(Prediger 5,1-19)

1. Inwiefern berauben wir Gott?
2. Wie kann Reichtum oder viel Besitz unsere Haltung zu Gott beeinflussen?
3. Wie berauben wir unsere Mitmenschen? (Weniger offensichtlich, als ihnen unverhüllt ihr Geld zu stehlen.)
4. Welche gängigen falschen Vorstellungen oder Illusionen über Reichtum gibt es?
5. Wie können uns diese falschen Vorstellungen Gottes Segnungen rauben?
6. Glauben Sie, dass Christen heute mehr oder weniger damit beschäftigt sind, materielle Güter zu erwerben und zu besitzen? Warum?
7. Was können wir tun, wenn wir mit unserem Wohlstand und Besitz zu stark verbunden sind? (Praktische Ideen)
8. Auf welche Weise können wir unsere materiellen Segnungen am ehesten genießen, ohne dass sie uns belasten?
9. Auf welche Weise können wir unseren Wohlstand und Besitz nutzen, um Gott zu verherrlichen?
10. Wenn Ihr Haus heute Nacht abbrennen würde und Sie nur eine einzige Sache (außer Ihrer Familie) retten könnten, wofür würden Sie sich entscheiden? Warum?

Siebtes Kapitel

Ist das Leben eine Sackgasse?

(Prediger 6,1-12)

1. Was entmutigt Sie oder macht Sie unzufrieden?
2. Welche Gründe für Entmutigung nennt Salomo in Prediger 6?
3. Warum, glauben Sie, können so viele Menschen die Reichtümer nicht genießen, für die sie so hart gearbeitet haben?
4. »Bereue nicht die Vergangenheit, und fürchte nicht die Zukunft, sondern lebe und genieße einfach das Heute!« Stimmen Sie dieser Philosophie zu oder nicht? Warum?
5. Genießen Sie Ihre Arbeit? Warum bzw. warum nicht?
6. Haben Sie Fragen, auf die Ihnen niemals jemand eine zufriedenstellende Antwort gegeben hat? (Nennen Sie eine.)
7. Wie hilft uns der Glaube an Gott bei unseren unbeantworteten Fragen?
8. Bedeutet an Gott zu glauben, dass man ihn niemals infrage stellt? Erklären Sie.
9. Was würden Sie antworten, wenn Ihnen ein Nichtchrist die beiden Fragen in Prediger 6,12 stellte?

Achtes Kapitel

Wie es einem besser ergeht

(Prediger 7,1-29)

1. Wie beeinflusst unsere Haltung zum Tod unseren Charakter?
2. Wie fühlen Sie sich, wenn jemand Sie tadelt oder kritisiert?
3. Wie kann uns Kritik helfen?
4. Aus welchen Gründen könnten wir sagen, dass wir in einer »Gesellschaft der Abkürzungen« leben?
5. Für welche Dinge gibt es keine Abkürzung?
6. Wie beeinflusst das, was gestern geschehen ist, unser heutiges Tun?
7. Wovon hätten Sie gerne viel – Weisheit oder Wohlstand?
8. Wie kann uns Weisheit durch schwere Zeiten helfen?
9. «Nichts als Sonnenschein schafft eine Wüste.« Was könnte das Ihrer Meinung nach bedeuten? Glauben Sie, dass Christen Regentage ebenso nötig haben wie Sonnentage?
10. Wir besitzen heute wahrscheinlich mehr Wissen als jemals zuvor in der Geschichte. Wie kann Wissen ohne Weisheit Probleme schaffen?

NEUNTES KAPITEL

Was ist mit den Gottlosen?

(Prediger 8,1-17)

1. Was ist Ihrer Meinung nach das Ergebnis des »zivilen Widerstands«, den Christen in den vergangenen 20-30 Jahren praktiziert haben? (Beispiel: die Bewegung gegen Abtreibung)
2. Welche Personen der Bibel wurden von Amtsinhabern unterdrückt oder misshandelt?
3. Wie reagierten sie auf ihre Unterdrücker?
4. Können wir die Welt von Ungerechtigkeit befreien, indem wir dagegen kämpfen, oder ist das ein »unmöglicher Traum«?
5. Sagt uns Salomos Rat in Vers 15, *»zu essen und zu trinken und sich zu freuen«*, dass wir es uns gut gehen lassen und die Probleme um uns herum ignorieren sollen? Ist das ein guter Rat? Warum bzw. warum nicht?
6. Welcher Unterschied besteht zwischen etwas, das legal ist, und etwas, das moralisch ist? Nennen Sie ein Beispiel.
7. Woher wissen wir, wann wir der menschlichen Autorität gehorchen und wann wir sie aufgrund von Gottes höherer Autorität missachten sollen?
8. »Zu wissen, was man nicht weiß, ist ebenso wichtig wie zu wissen, was man weiß.« Was heißt diese Feststellung für Sie? Stimmen Sie zu?
9. Auf welche Weise versuchen Christen manchmal, sich gegen die heutige Gesellschaft abzuschotten, die zunehmend Schlechtigkeit begünstigt?
10. Wie sollten wir auf eine sündhafte Gesellschaft reagieren?

ZEHNTES KAPITEL

Dem letzten Feind begegnen

(Prediger 9,1-18)

1. Was offenbart der Tod über uns, wenn wir ihm gegenüberstehen? (Beispiel: Umgang mit dem Tod eines geliebten Menschen)
2. Auf welche Weise versuchen Menschen, den Tod zu ignorieren oder ihm zu entfliehen?
3. Inwiefern unterscheidet sich die Hoffnung eines Christen von der eines Nichtchristen?
4. »Das Leben ist das, was mit uns passiert, während wir Pläne dafür schmieden.« Was bedeutet diese Feststellung Ihrer Meinung nach? Stimmen Sie zu?
5. Salomo rät uns, jeden Tag das Beste aus dem Leben zu machen – es zu etwas Besonderem zu machen. Auf welche Weise können Sie die folgenden Bereiche Ihres Lebens zu etwas Besonderem machen: Mahlzeiten, Ehe, Arbeit?
6. Wir erziehen unsere Kinder dazu, dass sie stets ihr Bestes geben. Warum ist das für *uns* noch wichtiger?
7. Welche biblischen Personen benutzte Gott trotz ihres Mangels an »beruflicher Qualifikation«?
8. Wie sollten Christen auf die Unvorhersehbarkeit des Lebens reagieren?
9. *«Wir wandeln durch Glauben, nicht durch Schauen«* (2Kor 5,7). Welchen Bezug hat dieser Vers zu Prediger 9?
10. Was bedeutet 1. Korinther 15,58 für Sie?

ELFTES KAPITEL

Ein wenig Torheit ist eine gefährliche Sache

(Prediger 10,1-20)

1. Wie kann Stolz einen Menschen töricht handeln lassen?
2. Wie kann jemand zu nachgiebig sein, um ein guter Führer zu sein?
3. Wie führt übermäßiges Selbstvertrauen zu Torheit?
4. Was können Menschen über uns erfahren, indem sie uns einfach nur zuhören?
5. »Stöcke und Steine können meine Knochen brechen, aber Worte können mir niemals weh tun«, so lautet ein bekanntes amerikanisches Sprichwort. Glauben Sie, dass das stimmt? Warum bzw. warum nicht?
6. Warum ist es gefährlich, zu reden, als ob man von allem Ahnung hätte?
7. Warum fällt es uns so schwer, unsere Zunge zu beherrschen?
8. Warum sind törichte Handlungen so häufig das Ergebnis mangelnder Reife?
9. Welche Merkmale hat ein unreifer Mensch?
10. Wie können wir geistlich reif werden?

Zwölftes Kapitel

Worum es im Leben geht

(Prediger 1,1-3)

1. In welcher Hinsicht ist das Leben für Sie ein Abenteuer?
2. Hätten Sie gerne ein einfaches Leben ohne Herausforderungen? Warum bzw. warum nicht?
3. Warum finden manche Menschen, darunter auch Christen, das Leben erfreulich, während andere es enttäuschend finden?
4. Welche Gründe gibt es zum Freuen, unabhängig von unserer Situation?
5. Welche Wirkung wird Ihrer Meinung nach unser Verhalten auf unsere Umgebung haben, insbesondere auf Nichtchristen, wenn wir das Leben als ein Geschenk Gottes betrachten?
6. Warum sind sowohl Unterweisung als auch Anwendung wichtige Elemente des Lernens?
7. Wann ist die Schule des Lebens vorbei? (Wann hören wir auf zu lernen?)
8. Was bedeutet für Sie die *Verwaltung des Lebens*?
9. Warum hat sich Salomos Sicht des Lebens in Prediger 11 und 12 gewandelt?
10. Was ist der einzige Weg, um wahre Zufriedenheit im Leben zu finden?